新法則化シリーズ

「体育」授業の新法則

基礎基本編

企画・総監修
向山洋一

編集・執筆
TOSS「体育」授業の新法則 編集・執筆委員会

学芸みらい社
GAKUGEI MIRAISHA

巻頭言

「新法則化シリーズ」刊行にあたって

日本教育技術学会会長　TOSS代表
向山洋一

　1984年「教育技術の法則化運動」が立ち上がり、日本の教育界に「衝撃」を与えた。「法則化」の本は次々と出され、ベストセラーになっていった。向山著はいずれも万を超える売り上げを記録した。教育雑誌も6誌が創刊された。そして20年の時が流れ、法則化からTOSSになった。
　誕生の時に掲げた4つの理念はTOSSになった今でも変わらない。
1　教育技術はさまざまである。出来るだけ多くの方法を取り上げる。
　（多様性の原則）
2　完成された教育技術は存在しない。常に検討・修正の対象とされる。
　（連続性の原則）
3　主張は教材・発問・指示・留意点・結果を明示した記録を根拠とする。
　（実証性の原則）
4　多くの技術から、自分の学級に適した方法を選択するのは教師自身である。（主体性の原則）
　そして十余年。TOSSは「スキルシェア」のSSに加え、「システムシェア」のSSの教育へ方向を定めた。これまでの30年の歩みは、はっきりと足跡を残し、書籍、雑誌は、数えきれない。常に教師の技量向上を目指し、またその時々の教育界のテーマをとらえ課題提起してきた。理念通りに歩んできたから多くの知の財産が残ったのである。
　今年度、TOSSは新しく大きな一歩をふみ出した。新しい地を切り開いた。
　第一は、新法則化シリーズ（全教科）の発刊である。
　第二は、毎月1000円程度の会費で利用できる「TOSSメディア」の発進である。
　これまでの蓄積された情報をTOSSの精鋭たちによって、2015年発刊されたのが「新法則化シリーズ」である。
　教科ごと、学年ごとに編集されている。日々の授業に役立ち、今の時代に求められる教師の仕事の仕方や情報が満載である。ビジュアルにこだわり、読みやすい。一人でも多くの教師の手元に届き、目の前の子ども達が生き生きと学習する授業づくりを期待している。TOSSメディアと共に教育界を大きく前進させるだろう。
　教育は不易流行である。30年の歩みに留まることなく、新しい時代への挑戦である。教師が学び続けることが、日本の教育を支え、前進させることである。
　授業は流転することを求める。授業の変化の中に存在する。教師の教授活動と児童の学習活動の往復運動こそが授業である。
　教師は、教師の教授活動と児童の学習活動の向上を永久（とこしえ）に求め続ける。

はじめに

　どこの教室にも跳び箱が跳べない子がいる。しかし跳び箱はすぐにでも跳べるようになる。97％の子どもが跳べる。向山洋一氏が、向山式跳び箱指導法を発表する以前にも、日本中で跳び箱の指導法が研究され何十何百という学校で研究報告がされたが、一例として跳ばせることができた研究はなかった。「跳べない子を跳ばせられる」極めて明確な答えを初めて出したのが法則化であった。それまでにも跳ばせることができた先生は全国に何人かいたが、それを指導技術という形の中で提示したのは法則化が最初であった。この指導法は誰にでも身に付けられる。学べばできるようになる。この「できない子ができるようになる」ことが向山型体育の出発点である。向山型体育のキーワードは、以下の３つである。

```
1  できない子ができるようになる。
2  システムがある。
3  変化のある繰り返し。
```

　本書で示す新法則化体育でも、このキーワードは継承される。中でも特に、２の「システム」を重要視する。体育授業におけるシステムづくりは、良質な授業スキルに支えられている。ぜひ、本書を繰り返し読んでいただき、体育授業にシステムという考えを入れて実践して欲しい。

　若い先生から、体育の授業づくりに困っているという相談を受けることが多い。向山洋一氏から学んだ新法則化体育指導を紹介する。

I　準備体操（校庭）

　若い先生は、子ども達が着替えて出てくるまで待って、座らせて、そして全員集まってから、準備体操をするという場面を見る。この場合は、ロ

スタイムが多く、せっかくの授業時間を損している。

　では、どういう準備体操かというと、1回ずつごく簡単な課題を与えていく。例えば、最初10人ぐらい集まっている状態で、「どこでもいいから校庭を走っていって、両足を上げる状態で10数えたら戻ってらっしゃい」と指示をする。子ども達は、様々に取り組む。鉄棒にぶら下がるのもある。木にだきつく、朝礼台にぶら下がる……とにかく両足を上げて10数える。思い思いの状態で両足を上げ、10まで数え、教師の元に急いで戻ってくる。走ってきた子ども達に教師は右手を出す。子ども達はパチン、パチンと次々に手をたたいていく。それを1位2位3位4位5位……と告げていく。子ども達はその順で1列に並んでいく。

　ほとんどの子どもが並んだら、次の課題を与える。「次は、どこでもいいから段差があるところ、高くても低くてもかまわないから行って、1、2、3、4と踏み台昇降で10回やってらっしゃい」。すると、段差があるところをみんな探して、ダーッと走っていく。そして1、2、3、4……とやって戻ってくる。また教師は片手でハイタッチ。これならとても楽しいので、子ども達は必死になって取り組む。楽しいその場に子ども達は入りたいわけだから、それまではわざとのんびりして、ゆっくり着替えている子ども達も、みんな次々と早く来るようになる。他には、「スキップで行って、また戻ってらっしゃい」「右足ケンケンで行って、また左足ケンケンで戻ってらっしゃい」など考えられる。

　この準備運動のシステムを持続するにはたくさんのバリエーションが必要である。

　二人一組にしての運動。「片方がおんぶして、どこでもいいから立っているもの、（校舎でも校庭でも木でも）立っているもののところまで行って、ポーンと触ったら、交替して戻ってらっしゃい」。「また二人一組を組んで、今度は馬跳びでピョンピョンピョンピョンとそこまで行って、立っているところまで行ったら、また逆にしてきます」。

　さらに、今度は5人1組。「5人1組つくりなさい。5人で馬跳びやってごらん」。そうすると、子どもは律儀だから、馬と馬の間が狭い。教師の指示は馬跳びしてきなさいだけだから全然条件を付けていない。だから、

中には、やんちゃな男の子が、一人ひとりの間を5mも6mも空ける。それで、ズーッと跳んでいく。もちろんそれでもよい。教師は怒らずに「あー！ いいことやったね」と、そのひらめきをほめればよい。

他にもこういうことをやるようになったら、初めて「間は1mぐらいにしなさい」という条件を付けていく。初めからこの条件を付けると楽しさや自由さが半減する。これが準備体操になっているわけだ。準備体操というのは、このようにやっていく。そして、メインの運動に入っていく。

Ⅱ　準備体操（体育館）

体育館には大体全部合わせると、バスケットリングが4個〜6個ぐらい付いている。

体育館に来た子ども達は、バスケットボールをドリブルしながら、そのリングに順番にシュートを打っていく。つまり体育館を1周回るように入れて、次へ入れて、また次へ入れる。ごくごく単純であるがとても楽しい。ドリブルしていってシュートする。入っても入らなくても次に行く、ということを次々にしていく。つまり、早く体育の準備をしてきた子達は、もうその段階でボールを取ってOK、そして、ドリブルシュートをしていく。

これを、何もしないで体育館で子ども達を待たせている。座ったままジーッと待っている。だから不満が生じるのだ。

次に、ドリブルシュートをさせていく。もちろんこれにも変化を付けていく。ドリブルシュートをしている時に、教師が中に入り、誰かのボールを取り上げる。ボールを取られた子は、他の所に行ってボールを取らなくてはならない。この時は、「絶対に体に触ってはダメ。ちょっとでもダメ。取る場合はどうするかというと、ドリブルをして失敗した、シュートしてどっかへ転がった、こういう時しかダメです」という条件をつける。すると、ボールを奪う場面の多くは、リング下で取ることになる。慣れてくると、シュートした時に横から入っていって、ジャンプして取るようになる。

それはお気付きのように、リング下の攻防が行われることになる。バスケットボールの中の1つの重要な接点である、リング下の攻防が生まれるわけだ。

　教師がボールを一人分取って、取られた一人の子が走り回っただけで、緊張感が生じる。教師はボールを3個ぐらい取る。そうすると、体育館の6個のリングのところで、3カ所ぐらいあっちこっちで取り合いが繰り広げられる。すると、運動があまり得意ではない女の子は、なかなかボールを取れない。取りに行っても、後ろに着いて歩いていくだけ。そのような子に対しては、教師が持っているボールを1個あげればよい。教師は強い男の子から取ってやる、上手な子から取ってやる、それを下手な女の子に回してやる。そうすると全体として、たった3人が走り回って、ボールを取られた状態でも、全体がリング下の攻防でちょっとしたゲームのようになる。

　最初から体を動かせる。しかも、変化のある繰り返しがある。ちょっと楽しいな、面白いなというルールを設定することが、授業の組み立てのポイントである。

　体育指導におけるシステムが、いかに重要であるか。本書を参考にされ、子ども達に実践をしていただければ幸いである。

　　　　　　　　　　　　　　　　　平成26年10月15日　桑原和彦

基礎基本編　目次

巻頭言 ─────────────────────────── 3
はじめに ────────────────────────── 4

第1章　授業の準備・きまり

着替えることも体育の指導である ──────────── 10
体操服を忘れた子への対応をシステム化しておく ──── 12
見学をするシステムづくり ─────────────── 14
体育器具の準備のさせ方 ──────────────── 16
休めの姿勢は ─────────────────── 18
教室への戻り方 ───────────────────── 20
エピソードで語り、安全に運動させる ───────── 22
ストレスレスな教室移動や並び方 ─────────── 24
聞く態度を育てる「話の聞き方」のルールづくり ─── 26
集合や号令の仕方 ─────────────────── 28
安全面の配慮 ───────────────────── 30
汗をかくほどの運動量 ───────────────── 32
教師の立ち位置 ──────────────────── 34
指示の出し方 ───────────────────── 36
一時に一事の指示 ─────────────────── 38
男女の能力差を埋める工夫 ─────────────── 40
卒業までに習得させたい5つの技 ───────────── 42
体育セットをつくり、必要なものを入れておく ──── 44

第2章　各領域の内容

（1）体つくり運動
　　なべなべそこぬけで協力する体験を ──────── 46
　　いろいろな鬼ごっこで体力を高める ───────── 48
　　ボールを使った運動の基本 ─────────── 50
（2）器械運動、機械・器具を使っての運動遊び
　　用具の準備は「人」「場所」「時間」を明確に ── 52
　　腕支持・逆さ・回転感覚をシングルエイジ期に ── 54
　　前転の動きを上達させる指示 ──────────── 56
　　後転の動きを上達させる指示 ──────────── 58
　　開脚前転はこれでできるようになる ───────── 60
　　側方倒立回転の動きを上達させる指示 ──────── 62
　　シンクロマットで一体感 ─────────────── 64

　　　　前方支持回転を上達させる方法――――――――――――66
　　　　「だんご虫」って、どんな運動？――――――――――――68
　　　　逆上がりは、３つのユニットで指導する――――――――70
　　　　体が重く鉄棒運動ができない子への指導――――――――72
（３）陸上運動、走・跳の運動、走・跳の運動遊び
　　　　６つのコツを練習するリレー上達への道――――――――74
　　　　熱中して取り組む「ねらい幅跳び」―――――――――――76
　　　　短距離走はスタート指導と８秒間走でレベルアップ――78
（４）水泳、浮く・泳ぐ運動、水遊び
　　　　どんな準備運動をさせるか――――――――――――――80
　　　　笛の合図だけで動く入水システム――――――――――――82
　　　　水泳が嫌い・苦手な子への対応――――――――――――84
　　　　浮くことができない子への指導――――――――――――86
　　　　息継ぎができない子への指導―――――――――――――88
（５）ボール運動、ゲーム
　　　　チームの決め方――――――――――――――――――――90
　　　　誰もが活躍できるルールの工夫――――――――――――92
　　　　ゴール型ボール運動につながる基礎運動―――――――94
　　　　ネット型ボール運動につながる基礎運動―――――――96
（６）表現運動、表現リズム遊び
　　　　一人ひとりが躍動する踊り「ニャティティソーラン」―98
　　　　新聞１枚で子どもが熱中――――――――――――――104
（７）保健
　　　　保健の教科書の音読を中心に授業を進める――――――106
　　　　教師の語りの力で、治療率100％を目指す―――――――108
　　　　教師の工夫次第で、保健の授業がさらに安定する――110

第３章　若い先生に知ってほしい体育指導

50・100と様々な運動を用意する―――――――――――――112
『組分化』と『個別評定』――――――――――――――――――114
子どもができるようになった教材教具――――――――――――116
スーパーとびなわで指導システムを学ぶ―――――――――――118
本で読んだ知識を技能に変える「跳び箱指導」―――――――120

第1章　授業の準備・きまり

着替えることも体育の指導である

1　教師の心構え

基本として、『着替えることも体育の指導のうち』という心構えが必要である。そう考えると、着替えのさせ方も変わってくる（ただし、学校の日課によって「いつ着替えさせるか」は違ってくる）。通常、体育の前に着替え、体育が終わったら服に着替える。そこまでが体育の授業である。教師はこのようなことを4月に子ども達に告げ、通年、継続した着替えの指導をしなければならない。

2　素早く、美しく着替える

体育の授業に行った後の教室を見れば、教師が子ども達にどこまで指導しているかがわかる。着替えた服が散乱していたり、椅子が乱れていたりしているのはよくない。子ども達が単に、「運動」をしに体育に行っていることがこのようなことに現れる。

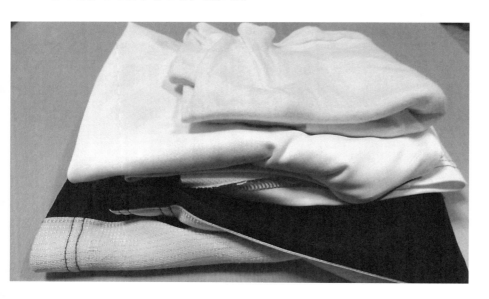

しかしながら、このような指導は、厳しく行うのではない。あたたかい指導の中で身に付けさせていく。教えて、やらせて、ほめることが大切である。向山洋一氏は、体育の授業に子ども達が移動した後、教室の様子を見る。授業が始まり、集まってきた子ども達に言う。

●くん、■くん、▲さん、立ちなさい。机の上に置いてあった服が乱れていましたよ。教室に戻って、たたんでいらっしゃい。

　3人は、しまったという顔をして教室に戻り、整頓してくる。その間、みんなで鬼ごっこなどの楽しい遊びをしておけばよい。整頓してきた子ども達をほめ、授業に入る。怒鳴る、叱る必要はない。みんなが楽しく遊んでいる姿を見たら、次から3人は整頓してくるように変化してくる。また、何回か体育をした後、同じような指導を繰り返す。こうすることで、子ども達全員に身に付いていく。

3　短く、テンポよく確認する

　身だしなみについて、長々と話をするのはよくない。「短く確認をする」という指導がよい。

教師「体操帽子」
児童「はい」
教師「靴下」
児童「はい」
教師「シューズ、かかと」
児童「はい」

　授業開始の時に、短く確認する。これだけである。授業の途中になると服装も乱れる。再度、同じように確認する。このようにすることで、乱れを防ぎ、よい身だしなみで授業をすることが定着していく。

（小田哲也）

第1章　授業の準備・きまり

体操服を忘れた子への対応をシステム化しておく

1　最初に言いに来た子をほめる

体操服を忘れてしまった子と教師のやり取り例を示す。

児童「先生、体操服を忘れました」
教師「はい、わかりました。ちゃんと言いに来て偉いね。忘れ物をした時には何を忘れたのかを言いに来ます。次に、ごめんなさいと謝ります」
児童「ごめんなさい」
教師「最後に、どうするかを先生に言います。体操服を忘れたら、どうやって体育をするの？」
児童「……」
教師「そのままの服装でしなさい。でも、忘れ物をしたんだからみんなよりも10倍も100倍も体育をがんばりなさい」
児童「はい」

忘れることは誰にでもある。忘れ物をした時には、「報告」、「謝る」、「方針」という3つのことをさせる。4月の最初に忘れ物をした子が教師に言いに来た時が指導のチャンスである。

次に、このことを全体に告げる。

○○くんは、偉かったんですよ。体操服を忘れても、ちゃんと先生に言いに来ました。忘れ物をした時には、何を忘れたかを先生に言います。次に、ごめんなさいを言います。最後に、どうするかを言います。○○くんは、「体操服を忘れました。ごめんなさい。洋服で体育をします」とちゃんと言えました。偉いですね。

そして、いつ報告に来るかを教える。

> 忘れ物をした人は、授業が始まる前に先生に言いに来なさい。

　次の時間からは、忘れ物をした子が休み時間に教師のところへ伝えに来るようになっていく。授業直前に言いに来る子や、言いだせずに黙っている子がいなくなり、日々の授業が安定していく。

2　忘れた子どもに「ちょっと失敗した」と気付かせる

　忘れ物をしたことは肯定できない。正しく指導しなければならない。どうするか。授業を終える時に次のように言う。

> 教師「授業を終わります。忘れ物をしなかった人、起立」
> 教師「静かに教室へ戻りなさい」
> 教師「忘れ物をした人、次は忘れないぞという人は起立」
> 教師「体育の道具を片付けた人は教室へ戻りましょう」

　忘れ物をした子は「しまったなぁ」という顔をしながら、片付けを手伝う。ちょっとした負荷をかけてやるだけで、次からは忘れ物をしないようにしようと思うものだ。
　体育の忘れ物の原因には、不注意もあるが、家庭環境によるものもある。子ども自身に責任がない場合もあるのだ。むやみに怒鳴ったり、叱ったりする必要はない。教師が上手にシステムをつくり、対応すれば忘れ物は少なくなる。また、忘れなかった子も不満を覚えずに、授業が安定していく。

（小田哲也）

第1章　授業の準備・きまり

見学をするシステムづくり

1　見学者は体育ができない者

　見学者は体育の授業を受けることができない児童である。そう考えれば、体操服になる必要はない。
　体育を見学することについても4月に趣意説明をしておく。

> 体育の勉強は、元気にきまりを守って取り組むことができれば、通知表がよくなります。逆に、体育の勉強を休んだり、途中で見学したりすることが多ければ多いほど、通知表の体育の成績が下がることにつながります。皆さん、1年間、がんばって体育の勉強をしていきましょう。

　4月には、このような説明が必要である。体育を見学する時の注意も趣意説明が大切である。

> どうしても体育を見学しなければならない。というのは、例えば、朝から具合が悪かったり、ケガをしていたりする時ですね。そんな時には、おうちの人に連絡帳に一言書いてもらってきてください。おうちの人が体育は見学しなさいと連絡してきた時には、見学しなければなりません。

　このように言っておくことで、自分勝手に体育を休みがちな児童への抑えになる。休みがちな児童が、体育を見学したいといってきた時には、「連絡帳を見せてごらん」と優しく言えばよい。連絡帳に書いていない時には、「がんばって体育をやってみて、どうしても途中で体がきつい時には先生に言ってね」と告げる。こう言うとほとんどの児童は安心する。しかも、体育の授業に熱中して、ほとんど見学することはない。

2 見学の約束

　体育を見学するということは、それ相当の態度が求められる。例えば、見学中に走り回ることはできない。見学児童が見学している場所で走り回って遊んでいるということはおかしい。
　見学時にすること。例えば、次の2点だ。

> ①上手な動きをしている友達を見つける。
> ②道具を準備したり、先生のお手伝いをしたりする。

　見学者も授業に参加していることが大切である。
　また、昼休みなどの休み時間には教室で静かに過ごさせる。体育を見学していたのに、昼休みには外で元気に遊んでいるという児童を見かける。体育の時には体調が悪くて、昼休みには元気になりましたという言い分は基本受け入れない。実際、そういうこともあるだろうが、体育を見学したのならば、その日は安静に過ごさせたい。
　以上のことを4月のうちから趣意説明をする。そして、「見学のシステムづくり」が大切になる。

（小田哲也）

第1章　授業の準備・きまり

体育器具の準備のさせ方

1　準備は早く正確に

　子ども達がたくさん動いて、たくさん汗をかくのが、よい体育の授業だ。体育器具の準備の時間が多くを占めると、運動量を保障できない。そこで、効率的に体育器具を準備させるための大切な視点が以下である。

> 1　体育器具がある場所を固定する。
> 2　体育器具を準備する人と片付ける人を同じにする。
> 3　配置図を使って、置く場所を確定する。
> 4　体育器具の持ち方を指導する。
> 5　時間を限定する。

2　体育器具がある場所を固定する

　体育倉庫の中で、体育器具とそれを置く場所を固定しておく。そうすると、探す時間が短縮され、準備のスピードが上がる。さらに、収納場所の写真を掲示しておくと視覚化できるので、片付けの時も役に立つ。

3　体育器具を準備する人と片付ける人を同じにする

　準備をした人と片付ける人を同じにすることにより、片付け時に「これをどこに片付けるのか」という疑問がなくなることで混乱を防ぐ。また、場所を覚えられるので、次に使う時も、初動が早くなっていく。

4　配置図を使って、置く場所を明確にする

　黒板・ホワイトボード・スケッチブック・模造紙などに配置図をかいておく。口で説明するよりも理解力が高まる。自分は、これをどこに運べば

いいのかというを子ども達が各々イメージすることができるので、質問も減り、準備が格段に早くなる。

5　体育器具の持ち方を指導する

　持ち方を指導すると、安全で運びやすいので、準備のスピードも上がる。

　下の写真のように、跳び箱の一番上の部分の持ち方を指導していないと、不安定で危険が伴い、準備も遅くなる。低学年の場合は、写真のように、危険防止のため、上の部分を下にして運ばせるようにすると、より安定して運べるようになる。

6　時間を決める

　「これから体育の器具の準備をします。グループで協力して行います。どのグループが早いでしょうか。では、始め」という指示を出せば、グループで競争しながら、準備をさせると準備はおのずと早くなる。

```
3分でできたら新幹線です。（他に、新幹線のぞみ）
4分でできたら電車です。（他に、新幹線ひかり）
5分でできたら自動車です。（他に、新幹線こだま）
```

　このように、時間の目安を示してやると、子ども達は、嬉々として取り組む。

（原田朋哉）

第1章　授業の準備・きまり

休めの姿勢は

　休めの姿勢は、大きく2つある。どちらも教師の説明や友達の意見などを聞かせる時に行う。

1　腰を降ろして休め。
2　立ったまま休め。

1　腰を降ろして休めの姿勢
　腰を降ろして休めは、少し説明が長くなる時や全体でのルール決めなどの時間が長くなる時に使う。
①合図「静かに腰を下ろして休め」。
②腰を静かにおろし、両方のかかとをそろえて床に着ける。
③両膝をそろえて軽く曲げる。
④膝のやや下方で、膝頭を抱え込むようにして手を組む。

※腰を降ろして休めをさせる時は、腰をおろす場所の状態、温度・湿度

などに気を付けて行う。

2 立ったまま休めの姿勢

立ったまま休めは、短い説明時に使う。
①令図「休め」。
②「気を付け」の姿勢から、左足を左横に1足長自然に出す。
③両手は後ろで軽く組む。

※この姿勢は、視線・手の位置・状態の姿勢などが乱れないことが大切である。そのために、両足に均等荷重させるとよい。

基本は、「気を付け」の姿勢からの休めになるので、「気を付け」の姿勢についても記述しておく。

3 気を付けの姿勢のポイント

①つま先を左右に等分に開き、45度〜60度程度になるようにする。
②手のひらは、指をそろえて軽く伸ばし、体側に着ける。
③両膝、背筋を伸ばして直立姿勢をとる。
④あごを引き、正面をまっすぐ見る。

(原田朋哉)

第1章　授業の準備・きまり

教室への戻り方

　授業後の子ども達の動きを想定して、次の準備をさせておく。例えば、次の時間が専科の音楽であれば、音楽の用意をする。四時間目の体育であれば、給食の用意をさせる。そうすることで、教室へ戻った後、何をするのかが明確になり、次の活動に素早く移ることができる。

1　移動中に心がけること

　移動する前に、移動の仕方を教えておく。例えば、縄跳びの持ち手同士が当たったり、縄が他の子どもに絡まったりすることによる音や声などで他のクラスに迷惑にならないようにする。あらかじめ、右の写真のように、縄跳びを斜めにかけて持ち手を持って移動するように教えておけばよい。また、移動中は、

> 忍者のように帰ります。

と最初の授業後に教えておくと、子ども達は「他の人に見つからないように、静かに素早く帰ること」をイメージできる。

2　教室へ戻る直前の集合の仕方

　大きく分けて、

> 「全員で帰る」「個々にバラバラに帰る」「グループで帰る」

という方法がある。
【全員で帰る】
①二列で整列して全員で帰る。(教師が先頭)
②二列で整列して全員で帰る。(係の子どもが先頭、教師が最後)
　安全面を考慮しなければならないが、学校の体制として許されるのであれば、できた子どもから帰る方法が無駄な時間を削ることができる。なお、1人ではなく、少なくとも2人で帰るようにさせる方が安全上よい。

【個々にバラバラに帰る】
①課題ができた子どもから教師の手にタッチして帰る。
②何跳びでもいいから、縄跳び10回跳んだ人から帰る。
(縄跳び課題を最後に与えることで、縄跳び忘れを防ぐ。)

【グループで帰る】
①体育器具の片付けを合格したグループ毎に帰る。
②他の子どもが片付けをしている間に、給食当番だけ先に帰る。
③集合時、姿勢のよいグループから帰る。
など、その時の子どもの様子、時間、指導したいことに応じて臨機応変にする。ポイントは教師が統率するということだ。

3　教室へ戻った後
　何をするかがわからない子どもを一人でもつくってはいけない。

> 教室に戻って、着替えた人から読書をしておきます。

　など終わりの行動まで示しておくことで混乱を防ぐ。

(原田朋哉)

第1章　授業の準備・きまり

エピソードで語り、安全に運動させる

1　子どもの服装に気を配る

高学年になるにつれて、見た目を気にし、体育では赤白帽を着用しなくなったり、体操服をズボンに入れなくなったりする傾向が見られる。これをそのままにしておくと、大きなケガにもつながる可能性がある。

4月の体育の授業開きの段階で以下のような具体的な情景が浮かぶエピソードを語り、安全に運動をさせる。

2　そもそも体育とはどんな勉強なのか

初めに体育の目的について話をする。まず体育館に子ども達を集め、座らせる。その時に座り方の指導をする（三角座りをし、手を前に組む）。そして次のように言う（伴一孝氏の追試）。

今年の体育では次の2つのことを大切にします。

1つは「体を丈夫にすること」です。だから、運動が上手にできても、病気をして休んだり、ケガばかりしていては体育の成績がよくなりません。

もう1つは「動きを美しくみせること」です。いくら跳び箱の高い段が飛べたとしても、きれいな飛び方でなければ、これも体育の成績がよくなりません。授業の始まりから終わりまでずっと美しい動きをしていきなさい。

そのためには先生が「集合」といった時にもさっと動いて集まるのですよ。

常に美しい動き。素早い動きを追求させることで、子ども達の集中力も高くなり、結果、安全に授業を行うことができる。

3 描写して語り大切さを訴える

赤白帽の着用も安全面の観点から、極めて重要である。以下のようなエピソードを描写して語り、子ども達に大切さを伝える。

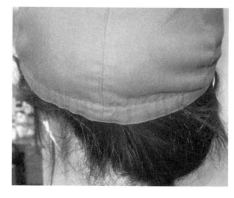

「ある女の子が、赤白帽をかぶらずに体育をしていました。台上前転をする時、手と跳び箱で髪の毛を挟んだまま、前転をしてしまいました。ズバッ。ものすごい音がしました。女の子の頭には激痛が走りました。百本近い、髪の毛が抜けていたのです」

赤白帽をかぶらないと、重大な事故につながることを伝える。さらに、運動場では、日射病の予防にもつながることを付け加えておく。

4 体操服をズボンに入れる

体操服をズボンに入れることも、大切である。以下のように、確認しながら行う。

「全員起立。服がズボンに入っている人は、座りなさい。服装がきちんと整えられていた人、立派でした。去年、シャツを中に入れずに体育をしている人がいました。その人が馬になって馬跳びをした時、上で跳んだ人は中に入っていないシャツで滑って落ちてしまい、ケガをしてしまいました。

国語や算数のお勉強ではケガをしませんが、体育のお勉強ではケガをすることもあります。服装をきちんとすることはとても大切です。ちゃんと服装を整えた人は座りなさい」

このような確認を、年度当初に何度も繰り返す必要がある。そうすることで、高学年でもきちんとした服装で、授業を受けることができるようになるのだ。

（飯盛直樹）

第1章　授業の準備・きまり

ストレスレスな教室移動や並び方

1　整列して全員での教室移動

　休み時間に移動することがもちろん基本。しかし、時として授業中に移動する場合もある。このような時は、次のような指示をする。

> 忍者のように足音を立てずに、そーっと移動します。

　低学年ほど有効である。動きのイメージを持たせる大切さは、体育の器械運動でも教室移動でも同様である。
　そして、男女2列、小さい順など、並び方のきまりの上で移動する。その際は、先生が先頭に立ち、移動途中に後方を確認するとよい。騒がしい場合には、「戻ります」と一言だけ告げ、教室まで戻り移動をやり直す。このような緊張場面を通過して、よりよい移動ができるようになる。

2　ばらばらの教室移動

> 準備ができた人から移動する。

　特別支援を要する子にとって、列をつくって移動する時、待つことは大変である。準備が済んだ子から移動することが、スムーズな学習の流れをつくる。
　「●分に△△へ集合。集まった子から□□□（楽しいこと）をする」などの指示が出ていれば、さらに意欲が高まっていく。時間差を埋める「空白禁止の原則」が功を奏していく。
　毎回の体育を全員が並ぶまで教室に待たせ、そろったら体育当番が運動

場や体育館へ連れて行くことになれば、大変なストレスが支援を要する子にかかるばかりか、トラブルの原因となってしまう。

よって、待たない。早く支度ができた人から、休み時間のうちに目的地まで移動しておく。そして、そこで何をして待つかを指示しておくステップが必要となる。

3　集合場所はいつでも指定席

体育授業が教室での授業と最も大きく違うのは、机、椅子の指定席が無いことである。運動場、体育館に散らばって、好き勝手に遊び始める子ども達と、それを追いかける先生の悪戦苦闘で授業時間はどんどん短くなっていく。集合する場所を指定席とすることで、授業の開始は格段に安定する。

1　黒板の前の指定席。
2　４列横隊での指定席。
3　運動場の指定席。
4　鉄棒運動での指定席。
5　ボール運動での指定席。
6　陸上運動での指定席。
7　ノートの指定席。

4　運動場、体育館にロッカーをつくる

体育館の壁に子どもの出席番号のシールを等間隔に貼っておく。運動場なら、買い物かごなどを準備し班ごとに入れておかせる。そのかごを置く場所を決めておくことが有効である（鉄棒前、砂場前など安全な所）。

荷物を置く場所が決まっているので、最初に何をするかがわかり、それだけで授業が安定する。

（矢吹睦子）

第1章　授業の準備・きまり

聞く態度を育てる「話の聞き方」のルールづくり

1　約束を明らかにする

体育授業の規律として、話を聞く態度の約束事は極めて重要である。例えば次の約束をする。

①服装を整えさせる。
②座って聞く姿勢をとらせる。
③子どもの目の高さで話す。
④社会的な行動をほめる。
⑤見学者は審判長、記録者、準備係をさせる。
⑥3m以内に扇形に座らせる。

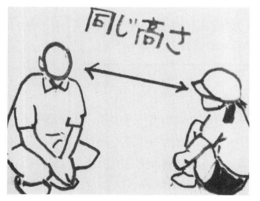

このようなことを毎回、確認し守らせる。一度に全てをするのではなく、繰り返し話しながら徹底させていく。

具体的な指示の例を示す。

① 「3m以内に集まりなさい」
② 「バスケットボールのサークル内に入りなさい」
③ 「10秒以内に集まりなさい」
④ 「太鼓が10鳴るうちに集まりなさい」
⑤ 「先生の目が見えますか？」

2 集合場所、集合の仕方を決めておく

　子ども達を集合させる上で、教師がとる行動の原則がある。

子どもの背中に太陽が向くように座る（教師がまぶしさに耐える）。
指示は15秒以内にするように心がける。

　これらを意識して集合をかけることが、教師としての配慮事項である。「運動学習の途中で子ども達を集めたい。きちんと並ばなくてもいいから早く集めたい」。そんな時のポーズと約束があれば、子ども達は混乱無く集合することができる。

①立つー両腕広げ→両腕の範囲で立ったまま並ばずに集合。
②座るー両腕広げ→両腕の範囲で座って並ばずに集合。
③立つー腕下げ→いつもの整列で立ったまま集合。
④座るー腕下げ→いつもの整列、集合、座る。
⑤立つー腕横一指4本→立つ、4列横隊。
⑥座るー腕前一指2本→座って2列縦隊。

　教師の前にいつも中心の子が来るように並ぶ約束をしておくと周りの子も集まりやすい。これらを繰り返しほめながら行う。

（矢吹睦子）

第1章　授業の準備・きまり

集合や号令の仕方

1　学習隊形の指導である整列は、教師が行う

　準備運動の隊形、集合での隊形、示範での隊形など、授業の途中には整列の場面が何度も訪れる。その場に適した整列の仕方を約束しておくことで、全員が短時間でスッキリと集まり、運動時間が確保できる。その際、

> ①集合は体育座りで集まる。
> ②扇形に集まる（下イラスト参照）。
> ③他人の身体と接触しない。
> ④示範が横から見える場所に集まる。

といったきまりを何度も何度も、繰り返し言って聞かせることが大切である。

2　きっぱりとした号令

　号令は約束語であり、指示言葉である。

> 「気を付け。前へ、ならえ」
> 「●●さん基準、体操の隊形に、開け」
> 「もとの隊形に、もどれ」
> 「全体、回れ、右」

　運動会の全体練習で、全校児童を動かす時、短い言葉で、指示を出すことは極めて重要である。この言葉によって、子ども達は、何をすべきかがわかり、集団で美しく行動ができる。

> ハッキリした声で、言葉と言葉の間に、ほんの一瞬、間を入れる。

　ダラッとしないテンポで指示を出すことで、子ども達の動きもそれに合わせカチッと動くようになっていく。まずは、クラスの少人数で繰り返し練習し、その指示言葉が通じるかどうかを試してみることが肝心である。

3　「気を付け」は、「よい姿勢」

先生　①つま先を開いて→　　子ども　（つま先を開いて）
　　　②かかとをつけて→　　　　　　（かかとをつけて）
　　　③膝を伸ばして　→　　　　　　（膝を伸ばして）
　　　④こしを伸ばして→　　　　　　（こしを伸ばして）
　　　⑤むねを張って　→　　　　　　（むねを張って）
　　　⑥目玉はまっすぐ→　　　　　　（目玉はまっすぐ）
　　　⑦指先ピタッ　　→　　　　　　（指先ピタッ）
　　　⑧よい姿勢　　　→　　　　　　（よい姿勢）

「気を付け」がどんな姿勢か教えることは大切である。その際、各部位に触れながら、復唱させる。そして、「よい姿勢」になったことをほめる。
　指導内容を細分化することで子ども達はわかり、成功体験でイメージを持つことができるのである。

（矢吹睦子）

第1章　授業の準備・きまり

安全面の配慮

1　小学校の体育の授業では、どんな事故がどんな時に起こるのか

「学校における体育活動中の事故防止について（報告書）」（平成24年　文部科学省）によると、死亡・重度の障害事故の傷病別の事故の割合（平成10年から21年までの合計）は、次のようになっている。

```
突然死等 61％
頭部外傷 13％
脊髄損傷 11％
溺水 6％
熱中症 6％
その他 3％
```

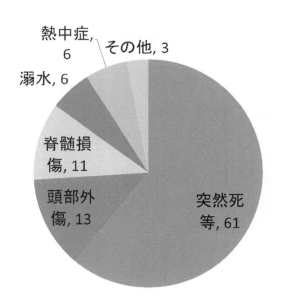

また、日本スポーツ振興センターの調査の「概況」（平成24年）には、次のような報告がある。

（部位別）「手・手指部」が最も多く、続いて「足関節部」「頭部」が多い。（体育活動中の運動種目別）「バスケットボール」と「跳び箱」が他の種目より格段に多い。そのあとに「サッカー」「ドッジボール」が続いている。

2 準備運動・場づくり・指導体制・指導上の配慮事項

以上を踏まえ、いくつかの場面について安全面の配慮事項を示す。

①ストレッチを十分に行い、ケガを未然に防ぐ。
②安全な活動ができる場づくりを行う。
③バスケットボール・ドッジボールなどでは、相手を意識してボールをパスするよう指導する。
④水泳学習では、バディ（二人組）を組ませ、陸上指導・水中指導教員に分かれ、複数体制で臨む。
⑤熱くなり始めのころや、炎天下の運動では、早めの休息と水分補給を行い、熱中症を未然に防ぐ。
⑥持久力を高める運動では、事前の健康観察を十分行い、無理せず持久力を高めることができるよう配慮する。

跳び箱などの器械運動では、跳び箱の間隔を十分に空け、児童の全体を見渡せる位置で指導をするなど、安全な活動ができる場づくりを行う。
　投げるボール運動では、相手のことを考えずにボールを投げる児童もいるため、相手が取れる速さや位置に投げることができるよう指導する。
　水泳学習では、万が一おぼれた児童をすぐ発見し、助けに行くことのできるよう陸上指導の教員がいるのが望ましい。
　熱中症は、炎天下ではもちろん、梅雨に入り蒸し暑くなった時期にも起こりうるので、注意が必要である。
　持久力を高める運動では、競ったり無理に記録に挑戦させたりするのではなく、自分の体力に応じて運動できるよう指導する。

安全面への配慮は体育指導において、絶対に欠かすことはできない。

常に、その場の状態や天候、機械器具、子ども達の様子などに気を配り、指導に当たってこそ、楽しい体育が展開できる。

（津下哲也）

第1章　授業の準備・きまり

汗をかくほどの運動量

　体育の授業では、運動量が多いほど、子どもは満足する。といっても、同じ運動を繰り返すだけでは飽きてしまう。運動量を確保するための授業づくりのポイントを、準備運動、主運動の2つの場面に分けて紹介する。

1　指示を短く、変化のある繰り返しで準備運動を組み立てる

　校庭に子ども達が集合している。チャイムと同時に指示を出す。

> 鉄棒にタッチして、帰っておいで。よういん、どん。

　鉄棒めがけて、子ども達が走っていく。帰ってきたら、次の指示。

> 男子はブランコ。女子はうんてい。タッチしてから帰ってきます。

　集合場所から遊具までの距離にもよるが、このような運動を2、3回繰り返すだけで、結構な運動量となる。「ジャンケンで勝った人はジャングルジム、負けとあいこは、のぼり棒」と、ジャンケンをしても盛り上がる。
　縄跳びを使った準備運動も、運動量が確保できる。「前回し10回」「後ろ回し10回」「前かけ足10回」……などと、次々とさせていく。ポイントは全員できるまで待たないこと。このようにして、10～20種ぐらいの運動をたたみかけるように行うことで、運動量が確保できる。

2　運動量が確保できるシステムを組む

　例えば、サッカーのシュート練習の場面を考える。サッカーが得意な男子もいれば、苦手な女子もいる。様々な能力差のあるクラスで、シュート

練習の運動量を確保するには、どうしたらよいか。向山式インサイドキックの指導システムがおすすめだ。下図のように、コーンを並べておく。

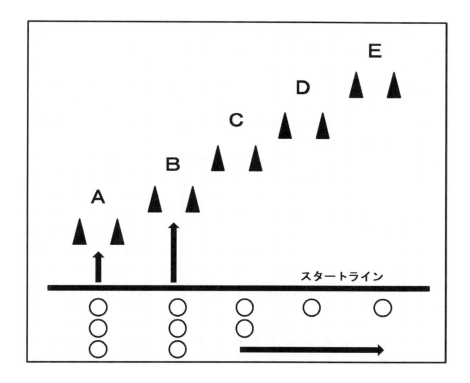

　Aのコーンの間にシュートできたら、B→Cへと進んでいく。最初は利き足で挑戦させ、Eまでクリアしたら、今度は利き足と反対の足でAから順番に挑戦させる。もちろんボールは、自分で取りに行かせる。
　このようにすると、遊んでいる子はいなくなる。ボールも自分で取りに行くので、運動量が確保できる。
　以上のように、活動を工夫することで、運動量の確保できるシステムを組むことが、汗を書くほどの運動量を確保するポイントとなる。

(津下哲也)

第1章　授業の準備・きまり

教師の立ち位置

1　子どもの目線で指示を出す

体育の授業では、教師の立ち位置が重要となる。基本は、以下である。

基本は、子ども全員が見渡せる位置に立つようにする。

全員が見渡せる位置に立つことで、安全に運動ができているかを確認することができる。ふざけている児童もすぐに見つけることができる。とはいえ、集合している隊形や、運動内容によって、立つ位置は異なる。いくつかを取り上げ、望ましい立ち位置を挙げる。

2　太陽の向きを考えながら、人数によって立ち位置を変える

運動場に並ぶ時に気を付けなければならないのが、太陽の向きである。

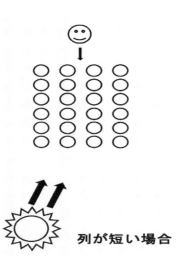

列が短い場合

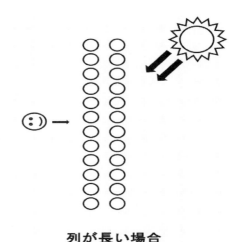

列が長い場合

太陽がまぶしいと、せっかく教師の方を向いていても、子どもは目をあけることができない。子どもの背中に太陽が来るように立つ。

体育の授業開始の時、例えば「背の順4列縦隊」などの隊形であれば、教師は、一番背の低い児童の前に立って話をすることが多い。一方で、「背の順2列縦隊」などの隊形で並ぶこともある。このような場合、先と同じように前に立って話をすると、後ろの児童までの距離が長くなる。そこで、

> 背の順で真ん中位の児童の位置に、横隊になるように立つようにする。

教師も全体を見渡せるようになり、子どもの視線も教師に集まりやすくなる。

3 端の原則、コーナーの原則

体育館などで、跳び箱の指導する場合を考える。その際、真ん中あたりの跳び箱で教師が指導をすると、教師の背中側にいる児童の動きが見えなくなってしまう。そこで、

> 一番端の跳び箱で個別指導をするようにする。

こうすると、目の前の子どもに個別指導をしながら、全体の様子も同時に把握することができる。

この「端の原則」は、バスケットボールやサッカーなど、ボール運動の際も同じである。児童の攻守が入れ替わるため、視線を動かすだけで、児童の様子を把握することができる。ドリブルやパスの上手な児童を見つけ、児童同士のトラブルも早期に対応することができる。見学児童も視野に入れながら指導ができる。

（津下哲也）

第1章　授業の準備・きまり

指示の出し方

1　子どもの目線で指示を出す

体育の授業で教師が子どもに指示を出す時、子どもは体操座りをしていることが多い。立った姿勢で子どもに話をすると、子どもは教師を見上げる姿勢になる。

そこで、片膝をついて座るとよい。こうすると、目線の高さが下がり、子どもも教師の方を向いて話を聞きやすくなる。（子ども役になって、違いを体感してみると、よくわかる。）

2　指示は細分化し、短く明確に出す（20秒以内が原則）

子どもが体育の授業が好きなのは、体を動かすことができるからであろう。だから、指示をできるだけ短くし、体を動かす時間をできるだけ多く保障したい。マット運動での「前転指導」の導入を例に挙げる。児童で協力して、マットを体育館に並べる。数枚のマットが並んだところで、児童を集めて指示を出す。

全てのマットで前回り。終わったら元の隊形に集合。ピー（笛）。

次々とマットで前転をして、戻ってくる。戻ってきてから次の指示を出す。このように指示を細分化し、短く（20秒以内が原則）明確に指示することで、混乱なく体育の授業を進めることができる。

3　活動が終わったらどこで何をするのかを示しておく

終わったらどうしたらよいかを示すという点もおさえておきたい。先の指示では、「終わったら元の隊形に集合」と指示を出している。この指示があるから、指示を出す前と同じ状態で集まることができる。「班ごとに並んで体操座り」でもよいし「男子２列、女子２列背の順で集合」でもよい。これがないと混乱する。

4　指示は全員に伝え、質問は最後に受け付ける

教室の指示でも、体育の指示でもそうであるが、指示は全員に行きわたるようにする。特に体育では、指示がわからないと、騒乱状態になってしまう。指示を出す際には、基本的に子どもを集めて座らせる。

> おへそを先生の方に向けなさい。

と、体を教師の方へ正対させ、話を聞く構えをつくらせる。そして、静かになってから話をするようにする。

教師が話をしている間に、途中で口をはさんで質問をしてくる児童がいるかもしれない。いちいち答えていると、集中力が切れてしまう。

> 質問については、教師が一通り指示を出した後、受け付けるようにする。

質問内容も全員に行きわたるよう伝える。

（津下哲也）

第1章　授業の準備・きまり

一時に一事の指示

1　一度に多くの指示を出す混乱さ

　跳び箱運動で、用具を準備する場面を考える。次の指示を見ていただきたい。

> これから班ごとに跳び箱を用意してもらうんだけど、最初は踏切板を置いて、その後ろに跳び箱を置いて、一番向こうにマットを置いて、その3つの用具をすき間ができないようにくっつけて並べます。体育倉庫の中はせまくなっているので、それぞれの班やいろいろな道具を持って行っている人がぶつからないように安全に協力しながら準備をしてくださいね。それじゃあ、始め。

　このような指示を出すと、子どもはどうなるか。質問の嵐が出る。「先生、何を準備すればいいのですか」「踏切板はどちら側におけばよいのですか」。次に、誰が何を準備するかでざわざわする。体育倉庫の中に多くの児童が集まり、騒然となる。跳び箱を運ぶ際に、一人で跳び箱を運ぼうとしたり、跳び箱を運ぶ児童同士がぶつかったりする。

　これらは、一度に多くの指

示を出し、同時に子どもを動かしたことが原因となっている。

2 指示を出す際の一時に一事の原則

　一時に一事を指示することである。次のように指示を出していくと上手に準備ができる。

> これから跳び箱を準備します。班ごと１列で並んで座りなさい。

　子ども達が班ごとに整列をする。次に、跳び箱だけ準備させる。

> まず跳び箱を準備します。全部で４段にします。１段目だけは、２人で運びなさい。２段目以降は、２人で持てるだけ重ねて運びなさい。

　この時も、一度に体育倉庫に全ての班が集まらないように、時間差をつけて準備をさせる。

> 次にマットを準備します。班全員で協力して運びなさい。

　最後に、踏切板を準備させる。一度に体育倉庫に全員が集まらないよう、時間差をつけて指示を出していく。全ての用具が体育館に並んだら、

> 踏切板、跳び箱、マットがすき間なく並べてあるか確認しなさい。

　後は、並べ終わった班から、班ごとに整列させて、準備完了となる。
　何かの作業をする時に一時的に覚えておく記憶のことを「ワーキングメモリ」という。発達障害を抱えている子ども達は、このワーキングメモリが少ない児童が多い。一度に多くの指示を出すと、全てを覚えておくことが難しい場合がある。一時に一事の指示を出すことで、どの子も混乱することなく活動に取り組むことができる。

（津下哲也）

第1章　授業の準備・きまり

男女の能力差を埋める工夫

　男女の能力差は、ドッジボールやサッカーなどのボール運動で顕著に表れる。同条件でゲームをすると不満が出るのだ。そこで、男女の差を埋める工夫が必要となってくる。

1　やわらかいボールを使う（道具の工夫）

　ドッジボールでは、硬めのゴムボールが使われることが多い。運動が得意な児童にとっては、投げやすく取りやすい。一方普段ボールに触れていない女子からすると、スピードの出たゴムボールで行うドッジボールは怖い。男子が投げた球速のあるボールが体にあたると痛い。

> あたっても痛くない、やわらかいボールを使うようにする。

　おすすめは、ソフトバレーボールである。ドッジボールより一まわり大きく、体にあたっても痛くない。これだけで、女子のドッジボールに対する抵抗感は減る。

2　女子が有利なルールを設ける（ルールの工夫）

　普段からあまりボールに触れていない女子は、ボールを投げるのも取る

のも苦手な子が多い。そこで、女子が有利なルールを設けるようにする。

---
①女子は、男子に3回あてられたらアウト。
②女子があてたら、あてられていた人は全員復活。
③女子投げる時、相手コートの白線の内側に1歩まで入ってもよい。

　このようにすると、普段活躍しにくい女子も活躍するようになる。この時注意しておくことは、「全員の了承を得る」という点だ。「クラスでドッジボールをする時に、男子と女子では差があります。男子も女子も活躍できるゲームにしたいので、次のようなルールを設けようと思いますが、いいですか」などと伝える。男子の側に、女子が有利になるようなルールを工夫させると、男子はさらに納得する。

3　女子のコートをうんと広くする（場の工夫）

　女子のコートを少し広げ、ドッジボールを行う。男子が勝つ。次に女子のコートをさらに広くして行う。これでも男子が勝つ。そこで、女子のコートをうんと広くし、ドッジボールを行う。例えば、コートの縦が20mであれば、女子17m、男子3mぐらいにする。このようにして、力の差が均等

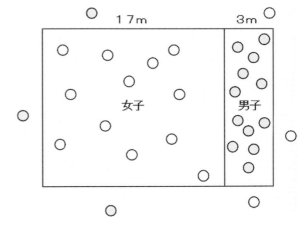

になる間隔を設定する。男子と女子の能力差を、コートの広さを変えることで調節する方法である。

　以上のような工夫をすることで、男女の差が埋まり、どの子も満足する体育授業ができるようになる。

（津下哲也）

第1章　授業の準備・きまり

卒業までに習得させたい5つの技

　国語であれば、漢字の読み書きを指導する。算数であれば、四則計算を指導する。それぞれの教科には、卒業までに身に付けさせたい内容があり、それを身に付けさせるために教え方を工夫する。

　では、体育で児童に身に付けさせたい内容にはどんなものがあるか。例えば、次のような技は、卒業までに全員に身に付けさせたい。

【跳び箱運動】開脚跳び　　【マット運動】後転
【水泳】25mクロール完泳　【縄跳び運動】二重跳び
【鉄棒】逆上がり

1　技を習得するためにはずせないポイントを知っておく

　開脚跳びは「腕を支点とした体重移動」、後転は「ゆりかごと着手の位置」、25mクロール完泳は「浮きとけのび」、二重跳びは「前跳び1分間100回が目安、縄を回すスピードとリズム」、逆上がりは「鉄棒とおへその位置、けり上げ」といったようなことが、それぞれの技を習得するためのポイントとなる。それらのポイントをおさえずに、指導方法ばかり工夫しても、効果はあまりない。

2　時間と場所を確保し、ポイントを身に付けさせる場を工夫する

　開脚跳びは、コツを体感させることで、1時間あればできるようになる。逆に、逆上がりなどは習得までに何日も時間がかかる。毎日少しずつ、10分程度でもよいので継続して練習させる。

　開脚跳びは、まず、腕を支点とした体重移動を体感させるため、「跳び箱にまたがらせ、腕を支点とし、体重移動を実感しながら向こう側へおり

る（A式）」運動をする。次に、「助走をして走ってきた児童を、教師が跳び箱の横に立って補助する（B式）」ことで、跳び箱が跳べるようになる（向山式跳び箱指導A式、B式）。

　後転では、体を丸めて回る感覚をつかませるため、「ゆりかご」の運動をする。着手の位置を教え、回転の練習をする。踏切版の上にマットを重ねて、緩やかな坂をつくると、回転速度がついて回りやすくなる。

　水泳は、水慣れ→顔つけ→もぐる→→バブリング→浮く（だるま浮き・ふし浮き）→けのび→ばた足→面かぶりクロール→クロール、というステップがある。児童のつまずきに応じた練習が必要となる。

　二重跳びはまず、前回し（1回旋1跳躍）が1分間に100回以上できることが1つの目安だ。次に、「ビュビュン」という二重跳びのリズムを身に付けさせるため、ジャンプしながら片手で太ももを「タタン」とたたく。片手で縄を「ビュビュン」と回しながら跳ぶ練習もある。このような練習を繰り返しながら、時間はかかるが、1回跳べるようにする。2回目が跳べるまでも時間がかかる。3回以上になると、グンと回数が増えてくる。

　逆上がりは、できるまでに最も時間がかかる。まず、懸垂のように逆手で鉄棒にぶら下がり（だんご虫）、我慢できる筋力が必要と言われている。次に、用具を使いおへそと鉄棒の距離を近づける練習が必要となる。「くるりんベルト」（東京教育技術研究所）がおすすめである。

（津下哲也）

第1章　授業の準備・きまり

体育セットをつくり、必要なものを入れておく

体育の授業で必要なものを授業のたびに用意するのは大変である。例えば、写真のように籠を利用して、「体育セット」をつくっておくと便利である。

①ストップウォッチ
②笛
③リズム太鼓
④名簿とバインダー
⑤長縄
⑥短縄（貸し出し用）

授業時、係の子どもがこれを、運動場、もしくは体育館に持ってくるシステムにする。

1　ストップウォッチ

体育の授業で、あると何かと便利な道具である。50ｍ走りやハードル走などの記録を測定する際に使ったり、長縄や短縄で、1分間の記録を測定したりする際に、使っている。

また、場の設定を子ども達にさせる際にも、時間を測り、評価することなどができる。腕時計にストップウォッチ機能がついていれば、それで十分だが、子ども達に使わせる場合もあるので、ストップウォッチはあった方がいい。

2　笛　リズム太鼓

子ども達を動かす際の必須アイテムである。リズム太鼓の方が、笛よりも優しい感じがあり、また、律動的な動きをつくり出すことができる。さらに、音を出しながら、賞賛できるのもリズム太鼓のメリットである。

3　名簿とバインダー

実技系の教科は、テストをした後、結果が紙で残らない。従って、その場で名簿に記入する必要がある。しかし、名簿を忘れて、記録に困るようなことがよくある。そこで、バインダーに名簿を数枚入れて、常に体育セットの中に入れておくようにする。こうすることで、いつでもテストと記録ができる。

4　長縄と短縄

例えば最初の3分間で、常に長縄をするようにする。集まってきた子どもから、どんどん長縄に入り、みんなで、かけ声をかけて、跳ぶ。慣れてくると、子ども達が縄を回せるようになるので、その間に、必要な教具の準備、場の設定なども行うことができる。

また、子どもの習熟度合により、縄の長さも変わる

ので、数本の長縄が体育セットに入れておくとよい。短縄跳びは、子どもが各自で持っているが、忘れた時に貸し出しができるように、いつも数本は入れておく。かごの中に、必要なものが常時入っていることで、使いたい時に、焦らず使うことができる。

（本吉伸行）

第2章　各領域の内容

（1）体つくり運動
なべなべそこぬけで協力する体験を

1　「なべなべそこぬけ」の人数を増やしていく

> 二人組をつくります。できたら座ります。

　座らせることで、教師が確認をしやすくする。同時に子ども達同士でペアになれていない人がわかるので、素早くペアをつくりやすくなる。

> 「なべなべそこぬけ」をします。一度やってみるので、見ています。

　教師と子ども１人で"例示"を行う。長々と言葉だけで説明をするよりも、一度例示をした方が、子どもにはわかりやすい。
　【やり方】向い合せに立ち、手をつなぐ。その手を離さず、背中合わせの状態に変える。

| 同じようにやってみます。2人で手をつないでごらんなさい。 |

　実際に歌いながらやっていく。一度、背中合わせになったら、次は、元通りに戻る。2回で1セットということになる。

| 相手を変えます。二人組ができたら座りなさい。 |

　同じように相手を変えてやらせる。この時に男女ペアになっている子をほめる。そうすることで、男女が一緒にやることの大切さを子ども達にインプットする。

| 次は3人組です。 |

　3人組でやらせる。この後、5人、8人と人数を増やしていく。グループ対抗で、どのグループが早くできるか、競っても面白い。

| 最後は、クラス全員でやってみよう。 |

　人数が増えるほど難しくなるが、その分、できた時の喜びは大きい。子ども達は歓声をあげて喜ぶ。仲間とともに、体を動かすことの楽しさを感じられる。

2　指導のポイント

「男の子と女の子でグループになっている人？　すごい。そういうことが自然とできるのがいいクラスなんだよ」と繰り返しほめていくことが大切である。ほめることによって、仲間意識が高まる。

（堂前直人）

第2章　各領域の内容

（1）体つくり運動
いろいろな鬼ごっこで体力を高める

いろいろな種類の鬼ごっこを楽しみながら、体力を高める。

1　ふえ鬼

> 鬼ごっこをします。タッチされた人は鬼になります。鬼になった人は帽子を赤にします。鬼の人はずっと鬼のままです。どんどん鬼が増えていきます。時間は3分間です。

どんどん鬼が増えていくので、走るのが早い子でも、追い詰められて捕まってしまう。また、追いかけられる状態が多くなるので、どの子も運動量が多くなる。

2　色鬼

> 鬼の人が言った色のものを触ります。触る前にタッチされたら、次の鬼になります。タッチできなかった時は、もう一度同じ人が鬼です。

運動場でやると声が届きにくいので、体育館でやる方がよい。初めての時は、何度か練習をした方がいい。「今からいう色を走ってタッチしにいきます。時間は10秒です。黄色」のように練習をする。次に、「色に触る前に先生にタッチされたら、アウトです。赤」とやっていけばよい。

3　手つなぎ鬼

> 手つなぎ鬼をします。タッチされたら、鬼と手をつなぎます。

　体育館などの閉鎖された場所でやると面白い。追いこみ漁のように捕まえるなど作戦が生まれる。4人つながったら2人ずつ分裂するとよい。

4　氷鬼

> タッチされた人は、その場にストップします。決して動いてはいけません。仲間にタッチしてもらったら、復活できます。

　氷鬼は、いろいろなバリエーションで行うことができる。「タッチしてもらったら復活」、「股の間をくぐってもらったら復活」、「異性にタッチしてもらったら復活」、「(馬跳びの姿勢で待っていて)跳んでもらったら復活」、「周りを回っておじぎしてもらったら復活(おじぞうさん)」、「(両手を上に伸ばして待っていて)2人に手を下してもらったら復活(バナナ)」など、様々考えられる。同じことを続けるよりも、別のバージョンを次々にやった方が楽しい。

〈バナナ氷鬼〉
　両手をあげた状態で待つ。
　　　↓
　手を両側からおろされると復活できる。

5　指導のポイント

　1回の授業で体力は高まらない。1学期間、1年間と続けることで、体力が高まっていくのである。毎回の授業の中で、最初の5〜10分程度にこのような運動を入れることが重要である。

（堂前直人）

第2章　各領域の内容

（1）体つくり運動
ボールを使った運動の基本

　様々なボールを使った運動を通して、体の柔らかさや巧みさを高める。

> ドリブルをします。10回できたら、座ります。

　右手、左手、交互とテンポよく行う。二人組になって、両手同時のドリブルに挑戦してもよい。

> ボールを股の下から投げます。そのボールをキャッチします。

　例示がないと難しい。教師が最初にやってみせることが必要である。似たような運動で、「背中ごしに持ったボールを上に投げ、前でキャッチする」というのもある。難しい子には、ボールの種類を変えるなどの工夫をしてあげるとよい。

> 足を伸ばして座ります。自分の周りにボールを転がします。足を曲げてはいけません。できるだけ速くやりなさい。

　うまくできない子には、膝を少し曲げてやらせる。時間内に何周できるかを計ると、その後の伸びを感じやすい。

> 二人組をつくります。背中合わせに立ちます。股の下で、ボールをパス。頭の上でボールをパス。うまくいったら、片方が一歩離れます。失敗したら、逆に一歩近付きなさい。

　前に１組出して、例示するとわかりやすい。

　ドリブルをしながら鬼ごっこをします。逃げる人はドリブルをします。ボールを持っていない人が鬼です。鬼がボールに触ったら鬼を交代します。

　なかなか鬼が交代できない子には、教師がボールを渡してやるとよい。
　体力と同じで、１回の授業で高まるものではない。継続してやることが大事である。できれば合格というよりも、前と比べての変容を評価する。

（堂前直人）

第2章　各領域の内容

（2）器械運動、機械・器具を使っての運動遊び
用具の準備は「人」「場所」「時間」を明確に

1　用具を準備する時の3原則
用具を準備する時には、以下のことを明確にする。
①誰が（人）
②どこに（場所）
③どれぐらいで（時間）

2　誰がするのか
マットは4人1組で運ぶのが基本である。4列で並ばせ、どのグループで準備するのかを明らかにする。

3 場所を明確にする

一目でわかるように示すことが大切である。そのためには、黒板やホワイトボードや大きめのスケッチブックなどを活用して、場づくり図を示すようにするとわかりやすい。

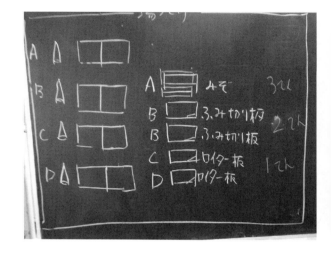

> １列目起立。Ａの場所にマットを準備します。

このように短く、的確に指示すると、自分は何をどこに準備すればよいのかイメージできる。

4 時間を明確にする

用具の準備にいつまでもがかかっていたのでは、運動量が確保できない。そこで目標時間を明示する。

> ３分で準備できたら新幹線はやぶさ、４分でできたら新幹線やまびこ、５分以内なら普通列車です。

ただし、時間の基準さえ示せばいいというものではない。
・マット置き場が１カ所しかない場合、子ども達が一斉に殺到し、危険な状態となることが考えられる。

教師が事前にマット置き場を数カ所に分けておいたり、グループごとに時間差をつけて準備を開始させたりといった配慮が必要である。

（太田健二）

第2章　各領域の内容

（2）器械運動、機械・器具を使っての運動遊び
腕支持・逆さ・回転感覚をシングルエイジ期に

1　マット運動に必要な基礎感覚

　マット運動、跳び箱運動、鉄棒運動などの器械運動は、非日常的な動きである。そのため、技ができるようになるためには、その基礎となる運動感覚（基礎感覚）を身に付けておく必要がある。

　マット運動に必要な基礎感覚には、主に次のものがある。

基礎感覚	身に付けさせるための運動例
腕支持感覚 逆さ感覚	・手足走り ・アザラシ ・うさぎ跳び ・壁登り倒立 ・ブリッジ ・かえる倒立 ・かえるの足打ち ・かえるのダンス（腕立て川跳び） ・手押し車
回転感覚 接転感覚	・ゆりかご ・背支持倒立からのゆりかご

　これらの基礎感覚は、できれば9歳までのシングルエイジ期に身に付けさせたい。年齢を経るほど、習得することが難しくなってくる。

　また、短期間で身に付くものではないので、長期的な見通しに立って、繰り返し取り上げていくことが必要である。準備運動で、毎回のように取

り上げていくようにするとよい。

右の写真はかえるのダンスである。

肘を伸ばし、徐々に腰の位置を高くしていく。左右に振りながら、体重を支える時間を伸ばし、負荷をかけていくことで、腕支持感覚を鍛えることができる。

2 折り返しリレー

折り返しリレー形式でゲーム化するのもよい。

手足走り、うさぎ跳び、アザラシなど、様々な動きをしながら、一定距離を折り返してくる活動である。

基本的には、往路では基礎感覚を身に付けさせる運動をし、

復路は走って戻ってきて、次の子と交替する。

途中にマットを置き、手足走りから前転がりをさせたり、うさぎ跳びから前転がりをさせたりと、いろいろなバリエーションで楽しませながら、基礎感覚を身に付けさせるようにする。

(太田健二)

第2章　各領域の内容

（2）器械運動、機械・器具を使っての運動遊び
前転の動きを上達させる指示

1　基本は「うさぎのゆりかご」

基本となるのが「うさぎのゆりかご」である。

ゆりかごには膝を抱えて行うもの、万歳をして行うものなど様々あるが、ここでは手のひらを返して耳の横に構える。

写真のように、前転の終末局面や後転の冒頭局面と同じような動きとなる。

2　つまずきにこう対応する

子ども達によくみられるつまずきは、次のものである。

①まっすぐに回れない。
②膝が伸びて立ち上がれない・手を着いて立ち上がる。

①まっすぐに回れない

まっすぐに回れない原因で一番多いのは、頭のてっぺんをマットに着けてしまうことである。マットに頭を着けると、回転の方向が変わりやすくなり、左右に倒れてしまう。

上手な子の動きを観察すると、マットに後頭部を着けて回っていることがわかる。ただし、苦手な子に「後頭部を着けなさい」と指示しても、で

きるようにはならない。初めから後頭部を着けようとして、苦しい体勢になってしまう。
　そこで、有効なのが次の指示である。

マットに頭を着けないで回りなさい。

　このようにすると、結果的に後頭部が軽くマットに触れる程度となり、まっすぐに回ることができるようになる。

②膝が伸びて立ち上がれない・手を着いて立ち上がる
　これらのつまずきは、「うさぎのゆりかご」を確実に習得すれば改善できる。起き上がりの際に、膝をしっかりと曲げ、かかととお尻を近付けることを意識させる。

かかととお尻をくっつけなさい。

　また、手は前に出すようにするとよい。
　そのためには、向かい合った友達とタッチさせるようにするとよい。
　向かい合う子は、少しずつ後ろに下がっていくようにする。

（太田健二）

第2章　各領域の内容

（2）器械運動、機械・器具を使っての運動遊び
後転の動きを上達させる指示

1　後転で見られるつまずき

後転で多いつまずきは、次のものである。

> 頭越しができない。

頭がつかえてしまうことが、後転ができない一番の原因である。首が痛くなったり、回転の方向が変わってまっすぐに転がることができなかったりする。

頭越しができないため、初期の段階ではぐにゃりとした肩越しの後転になることが多い。初めはそれでよい。しかし、安定した後転や開脚後転など、他の後転系の技につなげていくには、修正していく必要がある。

2　つまずきにこう対応する

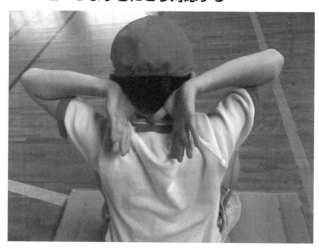

一般に、後転では「手は耳の横に」という指導が行われていることが多いが、それではできるようにならないのである。

頭越しをするためには、どうすればよいか。頭が着く前に手で体を支えてしまえばよい。

そこで、肩甲骨のあ

たりまで手を持っていく。親指を重ねて、両手で「三角おにぎり」をつくるようにするとよい。

背中で「三角おにぎり」をつくりなさい。

　この状態でゆりかごをさせると、後転しやすくなる。首や頭が着く前に手で支えるために、頭越しが容易にできるのである。
　手での突き離し動作もできるので、立ち上がりもスムーズにできる。

3　回転加速をつける

　回転加速をつけると、さらに回りやすくなる。そのためには、お尻の位置を遠くに着くようにする。目印として帽子やケンステップなどを置くと、目標位置が明確になる。

（太田健二）

第2章　各領域の内容

（２）器械運動、機械・器具を使っての運動遊び
開脚前転はこれでできるようになる

1　開脚前転で見られるつまずき

開脚前転のつまずきで多いのは、立ち上がれないことである。
その原因には、次のようなものがある。

①足を開くタイミングが間違っている。
②手を着くタイミングが間違っている。
③手を着く位置が間違っている。

これらへの対応は、発問を通して考えさせるようにするとよい。
予想させ、どの方法がよいかを実際に動いて試させる。その上でテクニカルポイントを抽出していくようにする。

①足を開くタイミング

足はいつ開いたらよいですか。
A　回転してすぐ
B　マットに着く直前

正解はBである。マットに着く直前に着くことで、回転加速を得やすくなる。背支持倒立やゆりかごから、足を開いて立つ練習をさせていくようにするとよい。

②手を着くタイミング

| 手はいつ着いたらよいですか。
| A　かかとの着く前　　　B　かかとの着いた後
| C　かかとの着くのと同時

　正解はCである。着手が遅いと、足で得られた回転加速が上体に伝わりにくいので立ち上がれない。

③手を着く位置

| 手はどこに着いたらよいですか。
| A　ももの近く　　　B　ももから遠く

　正解はAである。なお、着いた手を見るようにすると、上体が前に倒れて立ちやすくなる。

2　場づくりの配慮

　場づくりで大事なのは、90cm幅のマットを使うことである。かかとがマットの外に出るように練習させていく。

　また、初めはマットを3枚重ねた場で行うようにするとよい。高さがある分、立ち上がりやすくなる。「3枚重ね」→「2枚重ね」→「1枚」というように、できたら次の段階へと進ませていくようにする。

（太田健二）

第2章　各領域の内容

（2）器械運動、機械・器具を使っての運動遊び
側方倒立回転の動きを上達させる指示

1　側方倒立回転で多いつまずき

側方倒立回転で多いつまずきは、次のものである。

①手足の順序がわからない。
②腰が高く上がらない。

2　「手－手－足－足」の順序の指導はこうする

動きの順序は、「左手－右手－右足－左足」、あるいは「右手－左手－左足－右足」となるが、この動きがなかなかつかめない子が多い。

段階を追って指導していくようにすると効果的である。

まずは跳び箱に両手を同時に着き、両足を同時に着く動きを行う。「トン・トン」と声をかけて行わせる。次は手を「左→右」あるいは「右→左」の順に着いて、「ト・トーン・トン」。

最後は、足も「左→右」あるいは「右→左」に着く「ト・トーン・トン・トン」である。フィニッシュの時は、最初と反対側を向いていることになる。

慣れてきたら、跳び箱を外して行う。マットとマットの間に手を

着いて、側方倒立回転をする。この時点では、腰や膝の伸びていない子も見受けられる。まだ荒削りな段階である。そういう子がいても、プラスで評価していく。「手－手－足－足」の動きが合っていればよい。

3　腰を高く上げさせるための指導はこうする

　3人グループで行う。2人でゴム紐を持ち、1人が側方倒立回転をする。ゴム紐に触れることができれば合格である。

　ゴム紐の位置は腰の高さ（1点）から始め、できるにしたがって胸（3点）→頭（5点）→腕を伸ばしたところ（10点）と、レベルを設定して得点化する。この練習では、動きに大きな変容が見られる。腰の高さの時は、ほとんどの子がゴム紐に触れることができる。

　しかし、ゴム紐が胸以上の高さになると、腰が高く上がらない子、膝が伸びていない子は、ゴム紐に触れることが難しくなってくる。いちいち説明しなくても、ゴム紐に触れようとして、腰が上がり、膝が伸びる。

　また、ゴム紐に鈴を付けるとさらに効果的である。鈴が鳴れば合格である。

　ゴム紐に触れたという触覚に加え、音で合否を自己判定できる。

　　　　（太田健二）

第2章　各領域の内容

(2) 器械運動、機械・器具を使っての運動遊び

シンクロマットで一体感

1　シンクロ前転の指導手順

シンクロ前転の場合の具体的な方法は、次の通りである。

①1人での前転。
②1人で連続して前転。
③ペアでシンクロ前転。（縦）
④6人組でシンクロ前転。（縦）

2　ペアでシンクロ前転

　動きを揃えるために、2人の間で話し合いが行われるはずである。「せーの」と声をかけたり、「いち・にー・さん」のリズムに合わせて回ったりといった工夫が見られる。このような工夫が6人組の際に生かされる。

3　6人組でシンクロ前転

> どんな工夫をしたら動きを揃えることができるでしょうか。
> 話し合ったことをもとにして練習します。

「リズムを揃えるために声を出す」「上手な人が後ろに並ぶ」などの考えが出される。どんな工夫をしたらよいかと論理的思考が促され、言語活動が行われる。そして練習を通してコミュニケーションを取ることができる。

> 発表します。他のグループは審査員をします。判定基準はこうです。
> A　ぴったり揃っている　　B　まあまあ揃っている
> C　あまり揃っていない

　基準を示して相互評価していくようにする。

4　発展

　縦6人でのシンクロ前転ができたら、横6人でのシンクロをするなど、変化をつけていく。また、「前転－ジャンプ－前転」など、技そのものに工夫を加えていくのもよい。

（太田健二）

第2章　各領域の内容

（2）器械運動、機械・器具を使っての運動遊び
前方支持回転を上達させる方法

　前回り下りは、誰でもできる簡単な技である。学習指導要領では、1、2年生に例示されており、誰でも一度は経験したことがある技である。
　一見簡単に思えるこの技も、見方を変えると、前方支持回転の予備技として活用することができる。回って下りた時に、どこに足を着くかに着目すると、前方支持回転への習熟度を診断することができる。

1　ゲーム化して、長く回らせる

　鉄棒の真下を基準にすると、回って下りた時の足の位置は、概ね次の3つになる。

- 鉄棒の真下に下りる。
- 鉄棒の真下より前に下りる。
- 鉄棒の真下より後ろに下りる。

　鉄棒より前に下りるのは、回転に不慣れな子が多い。
　それが、膝を曲げて、ももの付け根に鉄棒を固定できるようになってくると、長く回れるようになっていき、やがて線よりも後ろに下りることができる。こうなれば、前方支持回転の達成も近い。
　そこで、回って下りた時の

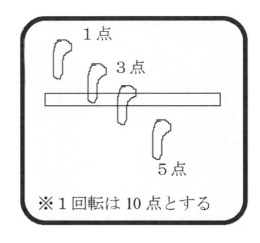

足の位置を得点化して、何点取れるかを競わせるようにする。「鉄棒の真下の線を踏めた……3点」、「真下よりも前に下りた……1点」、「真下を越えて、後ろに下りた……5点」として、個人やグループで競わせるようにする。なお、この活動を行わせている時に、1回転してしまう子もいるので、「1回転は10点」として、他の子の目標にさせる。

2　疑似体験が大切

　前方支持回転ができない15点未満の子ども達への対応は、以下である。

> 補助による成功体験を繰り返し味わわせること。

　補助は、二人組で行わせる。まず腕が曲がらないように、両肘に手を当てさせる。この状態から、円を描くように肘を押して回転させる。スムーズに回転できるようになってくると、肘を押す手にかかる力も軽くなってくる。そうなれば、どちらか一人の補助で回るようにさせる。
　鉄棒くるりんベントのような回転補助具も活用する。初めはベルトをきつく締めて何度も回らせ、前に回転することへの恐怖心を取り除く。その上で、ベルトを少しずつ緩めていきながら、1回転できるようにさせる。

（村田正樹）

第2章　各領域の内容

（2）器械運動、機械・器具を使っての運動遊び
「だんご虫」って、どんな運動？

「だんご虫」は、持久懸垂とも呼ばれている。
　この運動は、逆上がりに必要なわきをしめることや体の引き付けを身に付けさせることに有効な運動である。

1　だんご虫のやり方

　この動きは、日常生活の中では見られないものである。このような動きは意図的に行わせないと身に付かない。

> ①鉄棒をしっかり握る。親指は鉄棒の下から残りの４本の指は上から握る。
> ②わきをしめるように、軽く肘を曲げる。そして、そのまま強くわきをしめて、足を浮かせ、鉄棒にぶら下がる。
> ③この時、あごが鉄棒よりも上になるくらい、体が持ち上げられているのが理想である。

「だんご虫リレー」は、列対抗で行う。「あごが鉄棒にかかった」なら次の子と交代させ、列の子全員が失格になるまで続けさせる。最後まで失格にならなかった列が勝ちである。苦手な子にも得意な子にも大きな声援が送られるため、どの子も懸命にがんばるようになる。
「だんご虫ジャンケン」は、ぶら下がったまま、足を使ってジャンケンする。グー・チョキ・パーのポーズを決めさせたら、隣の列の子とジャンケンさせる。一人ずつジャンケンして、その勝敗を競わせることもできるが、勝ち残り方式や勝ち抜け方式で行わせることもできるので、状況に応じて使い分けるようにする。

2　だんご虫は10秒が目標

> だんご虫が10秒できるようになれば、逆上がりはできる。

　こう述べたのは、根本正雄氏である。10秒間は無理だとしても、一瞬でも強くわきをしめて体を浮かせる経験をさせることが、逆上がりの達成に大きな効果を持つ。

(村田正樹)

第2章　各領域の内容

（2）器械運動、機械・器具を使っての運動遊び
逆上がりは、3つのユニットで指導する

1　基礎・基本となる感覚や動きを練習するユニット

　基礎となる感覚や動きを身に付けさせるために、下の6つの動きを必ず行わせる。

---
①肘を伸ばしたまま、支持して跳び上がり・跳び下り……わきしめ感覚。
②腕支持姿勢のまま、鉄棒を端から端まで移動する……腕支持感覚、握りの感覚。
③ダンゴ虫（持久懸垂）10秒間が目標……わきしめ感覚。
④ふとんほし振り（5回）からツバメ……振りの感覚、逆さ感覚、手首の返し。
⑤前回り下り（5秒間で3回が目標）……回転感覚。
⑥足抜き回り……逆さ感覚、わきしめ感覚、鉄棒に腰を近付ける。

　これらをまとめて、「逆上がり準備セット」として初めに指導しておくとよい。

2　足の踏み込みから振り上げまでを練習するユニット

蹴り足は、鉄棒より靴一足長分前が最も逆上がりをしやすい。

　そこで、足の踏み込みは鉄棒より靴一足長分前として、反対足を振り上げるまでを次の手順で行わせる。
①鉄棒の真下から靴一足分前に線を引く。
②その「線を踏み足で踏む」ように、足を踏み込ませる。

③「おへそを鉄棒にくっつける」ように反対の足をゆっくりと振り上げさせる。
④蹴り足が地面から離れそうになったら、ゆっくりと足を下ろす。

これを5回繰り返して行わせる。逆上がりができない子は、踏み切り直前におへそと鉄棒が離れていることが多いので、「おへそと鉄棒の距離」に注目して、「今のはよかった」、「離れたよ」などの声をかけるようにする。

3　逆上がりを練習するユニット

先のユニットまでで高めてきた感覚や動きを、逆上がりの動きの中で発揮できるようにさせていく。

| 蹴り足で、振り上げ足を追い越しなさい。 |

（村田正樹）

第2章　各領域の内容

（2）器械運動、機械・器具を使っての運動遊び
体が重く鉄棒運動ができない子への指導

　肥満傾向で、鉄棒に支持することはもちろん、逆さになってぶら下がることもできない。逆さ姿勢になることを極端に恐がり、マットで前回りをすることもできない。そんなAさんへの指導法を紹介する。

安全・安心感のある場づくりをする

　鉄棒にマットをかける。こうすると、マットの厚みで鉄棒がお腹に食い込まないので、痛みがなくなる。また、体に接している面積が大きくなるので、安心感も得られる。さらに、この時は鉄棒の下にセーフティーマットを敷いて、何があっても痛みを感じさせないように配慮した。

ステップ1　逆さにする

　鉄棒は腰の高さになるように調整しておく。

> マットに手を着けて、逆さになりなさい。

と指示し、写真の状態からゆっくりと手を離させる。

足は跳び箱に、手はマットに着けて逆さになれたら、「片足を離す」、「片手を離す」、「片手、片足を離す」、「両足を離す」、「両手、両足を離す」の順に課題を変えて、ふとんほしになれるように指導していく。

ステップ2　回って下りさせる

ふとんほしになれるようになると

> 両手を着いて、前に回って下りてごらん。

と指示をする。両手で頭を抱えてあごを引き、後頭部をマットに着けることを教える。そして、腰を鉄棒から離して回るように告げる。

ステップ3　回転させる

マットを下に垂らしたままでは、頭が鉄棒の下に入らず、回りにくい。そこで、鉄棒とセーフティーマットの間に隙間をつくる。両手を着いて、回って下りることができたら、マットの丈を少しずつ短くしていく。おへその辺りまで短くしてもできるようになると、

> 前回り下りに挑戦してみよう。

と話して、挑戦させる。

（村田正樹）

第2章　各領域の内容

第2章　各領域の内容

（3）陸上運動、走・跳の運動、走・跳の運動遊び
６つのコツを練習する リレー上達への道

1　バトンパスのコツを６つ教える

　リレーで、スムーズなバトンパスができるようになると、運動会の全員リレーで学年トップになる。

　高学年であれば、次の６つのバトンパスのコツを教える。

コツ１　バトンを渡す人が左手で渡して、もらう人が右手でもらう。
コツ２　バトンを渡す人は、渡す時に「ハイ」と言う。
コツ３　バトンをもらう人は、「構えのポーズ」をとる。
コツ４　バトンをもらう人は、前を向いて走りながらバトンをもらう。
コツ５　バトンを渡す人がどこまで来たらもらう人は走り出すか、ポイントを決めておく。
コツ６　バトンを渡した後、渡した人はもらう人と競走する。

　低学年であれば、コツ１〜３と、「バトンをもらう人が、渡す人を見ながら走ること」で十分である。

　中学年であれば、コツ１〜４である。

2　１時間の授業で、一人につきバトンパスを50回する

　１時間の授業で、一人の子どもが50回のバトンパスをするように授業を組み立てる。次のような活動をする。

①二人組でバトンパス（バトン１本）
②チームで１列になって止まってバトンパス（バトンを次々に前に送るため、複数ある方がいい）。

③１列でジョギングをしながらバトンパスをする。
④20ｍのバトンゾーンを使ったバトンパス練習（チームをいくつかに分ける。例えば、走者の１番と５番がバトンを渡し、２番と６番がもらう。次に２番と６番がバトンを渡し、３番と７番がもらう）。
⑤実際のリレー。

①〜③でコツ１とコツ２を教える。④でコツ３〜６を教える。①〜③で一人につき40回ぐらいバトンパスをする。

(東田昌樹)

第2章　各領域の内容

（3）陸上運動、走・跳の運動、走・跳の運動遊び
熱中して取り組む「ねらい幅跳び」

1　山本貞美氏考案「ねらい幅跳び」の方法

「ねらい幅跳び」は、走り幅跳びが苦手な子どもも熱中する。次のような実践である。

①子どもの走り幅跳びの最長距離を測定する。
②子どもの記録の8割の距離をひもに記す。
③8割の地点に目標物を置き、その地点をめがけて跳ぶ。
④正確さを点数化し、グループ競争をする。

子どもは自分の記録より低い目標を目指して跳ぶ。リラックスして走り幅跳びができるので、踏み切り、着地、跳躍の姿勢など、技のでき栄えや美しさに目を向けさせることができる。また、走り幅跳びの記録に目を向けるわけではないので、苦手な子どもも熱中して取り組むことができる。

2　ねらい幅跳びの実践

子ども達に、次のことを1つずつ教えていく。

①跳んでいる時、両足の裏を先生に見せなさい（教師は子どもが走ってくる方向の反対側にしゃがむ）。
②着地の時、しゃがみこみなさい。
③○○を見て跳びなさい（斜め45度の方向にある物）。
④踏み切りが合う地点を探しなさい（15～20mの間）。

子ども達は、リラックスして跳んでいるため、技能の上達を意識するこ

とができる。全力でするとうまくいかない。ただし、授業の最後には１～２回全力で跳ばせる。

　ねらい幅跳びでは、「踏み切り地点」と「着地点」の２カ所で点数化する。「着地点」に、はちまきを置かせる。「踏み切り地点」では「ぴったり」が３点、「手前」が２点、「オーバー」が１点。「着地点」では「ぴったり」が３点、「手前」が１点、「オーバー」が２点。グループで合計点を出して、グループ競争をする。

　以下は、「学習カード」である。

（東田昌樹）

第2章　各領域の内容

(3) 陸上運動、走・跳の運動、走・跳の運動遊び

短距離走はスタート指導と8秒間走でレベルアップ

1　スタートを「変化のある繰り返し」で指導する

スタンディングスタートをかっちりと教えるのではなく、スタートのしやすい姿勢のスタンディングスタートを体験させる。向山洋一氏の「短距離走のスタートの指導」を追試する。『教え方のプロ・向山洋一全集9　体育授業を知的に』（明治図書出版）参照。

スタートの合図で10mぐらい走らせる。8人ぐらい一度にスタートさせる。私に5年生の2クラス63名を一斉に指導した。8人の8列である。

次の（1）〜（15）の指示を出す。その後に、「用意」「ピー（笛の音）」でスタートさせる。

(1) 頭をラインに合わせて、仰向けになりなさい。
(2) 足をラインに合わせて、仰向けになりなさい。
(3) 頭をラインに合わせて、うつ伏せになりなさい。
(4) 足をラインに合わせて、うつ伏せになりなさい。
(5) お尻をラインに合わせて、後ろ向きで長座になりなさい。
(6) 足をラインに合わせて、長座をしなさい。
(7) お尻をラインに合わせて、後ろ向きで体育座りをしなさい。
(8) 足をラインに合わせて、体育座りをしなさい。
(9) 足をラインに合わせて、後ろ向きで腕立てをしなさい。
(10) 手をラインに合わせて、腕立てをしなさい。
(11) 後ろ向きで、片膝座りをしなさい。
(12) 片膝座りをしなさい。
(13) 右手を地面に着けて、スタートしなさい。
(14) 左手を地面に着けて、スタートしなさい。
(15) 一番いい姿勢でスタートしなさい。

大切なことは、同じスタートを二度とくり返さないことである。変化のある繰り返しの真髄である。変化をつけるから、子どもは「次はどうなるのかな」とわくわく感を持つ。

2　「8秒間走」で、走るのが苦手な子どもも、得意な子どもも熱中する

　山本貞美氏が考案した。「8秒間走」では、ゴールは同じにする。スタート地点が違う。

　ゴール地点から、50m前後に1mおきに10本ほどスタートラインを引く。（実態に合わせて）子どもは自分に合ったスタートラインを決める。

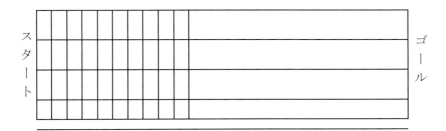

　教師が「用意」「ピー（笛の音）」とスタートの合図をする。子ども達は走り出す。8秒後に「ピー」と笛を鳴らす。

　その間にゴールに入れば「合格」となる。「合格」すれば、1つ後ろのラインに下がる。ゴール地点がほとんど同時になるため、走るのが苦手な子どもも目立たない。

(東田昌樹)

引用文献／「小学校中学年体育（運動領域）デジタル教材」（文部科学省）

第2章　各領域の内容

（4）水泳、浮く・泳ぐ運動、水遊び
どんな準備運動をさせるか

　水泳は、危険を伴う。教師の指示が通らなければ、その危険は倍増する。よって、次のような状態をつくっておく必要がある。

> 教師の指示が通る状態。

1　「起立」を徹底させる

　体育館やプールサイドに並ばせた状態で、次の指示を出す。

> 全員、起立。

　ほんの少しでも遅い子がいたら、やり直しである。

> 水泳は、水の中で行う運動です。ほんのちょっとの油断から大きな事故につながり、命を落とすこともあるのです。先生が、指示を出したら、すぐに行動しなさい。

　もう一度、起立させる。

> 全員、起立。

　このように陸上にいる時点でしっかりと指示が通る状態をつくっておく。起立や整列などの誰でもできることをどの子にもしっかりとさせる。

2　ストレッチをする

　水泳の準備体操は、体を低温になれさせるために行う。そのため、激しい運動をする必要はない。ストレッチを基本に行う。
　プールサイドに、次のように並ばせて行う。

```
1組　────────────
指　導　┌─────┐
　　　　│プール│
　　　　└─────┘
2　　　────────────
```

　体操をする時、次のようにする。

体操は笛の合図だけで行う。

　少ない指示の方が、子ども達が真剣に取り組むようになる。もちろん、おしゃべりしていたり、ちゃんとやっていない子がいたりするようならばやり直しである。

3　シャワーを浴びる

　子ども達にしっかりとシャワーを浴びさせるとっておきの方法がある。
　それは、歌を歌わせることである。（誰でも歌える簡単な歌がよい。）

かえるの歌を歌いましょう。かえるの歌が終わるまで、シャワーから出てきてはいけません。しっかりと体を洗っていない子はもう一度歌ってもらいます。

（梶野修次郎）

第2章 各領域の内容

（4）水泳、浮く・泳ぐ運動、水遊び
笛の合図だけで動く入水システム

1　バディの確認

シャワーや準備体操を終えた後は、プールサイドにイラストのように2列に並ばせる。列の前後でバディを組ませる。

> バディの確認をします。前から二人組をつくったら座りなさい。

3人組になるグループが残るので、必ず3人組の確認をする。

> 先生が、バディと言ったら、バディの子と手をつないで立ちなさい。バディ。（子ども：バディ。）

今後、このバディの確認はことあるごとに行う。水の中でも行う。

2　プールサイドに座らせる

> バディ1の人、前に出なさい。プールサイドに座りなさい。

ちょうど、水に足がつかるように座らせる。

3　水慣れをさせる

水慣れは、笛の合図で行う。水慣れの順序は、心臓から遠いところから行う。以下の順番で行う。

> 1回目の笛→手・足をぬらす。
> 2回目の笛→顔・頭をぬらす。
> 3回目の笛→背中をぬらす。
> 4回目の笛→お腹をぬらす。
> 5回目の笛→全員をプールサイドに立たせ、「回れ右」をさせる。

　これらの動作は、笛の合図とともにシステム化して笛の合図のみでできるようにしておく。

4　プールには後ろ向きで入る
　入水は、万が一の危険に備えて、後ろ向きでさせる。

> プールサイドの壁を持ち、後ろからゆっくり入ります。

（梶野修次郎）

第2章　各領域の内容

（4）水泳、浮く・泳ぐ運動、水遊び
水泳が嫌い・苦手な子への対応

1　顔を水につけられない子は洗面器を使って練習する

プールはダメだけど、お風呂ならば、顔を水につけられるという子がいる。そういう子は、洗面器をプールサイドに置かせて、顔を水につける練習をさせるとよい。その後、実際に水の中に洗面器を浮かせて、その中に顔をつけさせる。そして、それもできるようになったら、実際に洗面器なしでプールに顔をつけてみる。

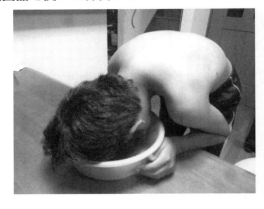

お風呂でも顔をつけられない子は、別途、家庭の協力が必要である。

2　幼児用プールを使う

幼児・低学年の用の小プールがない学校では、低学年の児童から大プールに入らなければならない。そういう学校でおすすめなのが、空気で膨らませる幼児用のビニールプールである。この幼児用のビニールプールで、低学年のうちに十分に水遊びをさせることで、水泳嫌いの子は激減する。

3　小プールでの水のかかる遊びを経験させる

小プールのある学校では、学年を問わず、水泳が苦手な子には、小プールでの水遊びを経験させる。小プールの中で、走ったり、鬼ごっこをしたり競争やリレーなど、自然に顔に水がかかるような経験を多くさせていく。

水鉄砲で遊ぶのも、水嫌いの子には効果的である。いきなり泳がせたり、

浮かせたりするのではなく、水遊びは楽しいという経験を多く積ませることで水に慣れていき、水嫌いを克服させていく。

4　水に顔をつける遊びをする

　水にかかるという遊びを経験し、十分に水に慣れてきたら、水を顔につける遊びにも取り組ませたい。

　水に顔をつける代表的な遊びは、水中ジャンケン、水中輪くぐり、宝探しなどがある。これらの遊びをシステム化し、毎時間、授業に組み込むことで、水が苦手な子は減っていくはずである。

①水中ジャンケン……二人一組で潜り、水中でジャンケンする。
②水中輪くぐり……イルカショーのようにプールに浮かせた輪を上からくぐったり、水中内の輪をくぐったりする。
③宝探し……色のついた宝（＝ホースやボール）をプールに沈めて、それを拾う遊び。色ごとに得点を決めておくと、さらに楽しくなる。

（梶野修次郎）

第2章　各領域の内容

（4）水泳、浮く・泳ぐ運動、水遊び
浮くことができない子への指導

　浮くことができない子は、体に余分な力の入ってしまう子である。体に余分な力が入ると、人間の体は沈んでしまう。この原理を教師が知っておくことが大切である。

1　潜ることから教える【右手をプールの底に着ける】

①右手をプールの底に着ける。これができたら1年生レベル。
②両手をプールの底に着ける。これができたら2年生レベル。
③お尻をプールの底に着ける。これができたら3年生レベル。
④お腹をプールの底に着ける。これができたら、4年生。
⑤背中をプールの底に着ける。これができたら、5年生。
⑥水の中で正座して10秒以上浮いてこない。これができたら6年。

　このような形で潜水をした後、次のような話をする。

ずっと潜っていようと思っても、人間の体は浮くようにできているのです。

　このように潜っても浮いてくるという経験をさせた後で、浮くことを教えると効果的である。

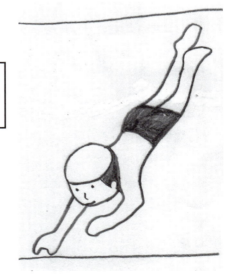

2 授業の中で毎回浮くことに取り組ませる

クラゲ浮き

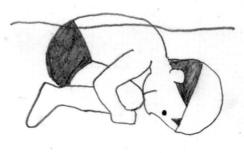

だるま浮き

潜水の後は、浮くことに取り組ませる。これも、やることを決めて毎回取り組ませる。「力を抜きなさい」よりも「おばけになりなさい」などの声かけの方が、子どもはイメージを持ちやすい。

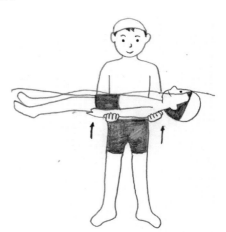

背浮き

①クラゲ浮き、5秒。1年生。
②クラゲ浮き、10秒。2年生。
③だるま浮き、10秒。3年生。
④だるま浮き、20秒。4年生。
⑤だるま浮き、30秒（連続だるまも可）。5年生。
⑥どんな浮き方でもいいので1分間浮く。6年生レベルです。

最後に背浮きを教える1分以上呼吸するためである。　　　　（梶野修次郎）

第2章　各領域の内容

（4）水泳、浮く・泳ぐ運動、水遊び
息継ぎができない子への指導

1　呼吸法の基本

ブクブク……（＝水中で息を吐き出して）パッ（＝顔を上げて一気に吐き出す）である。

この「ブクブク……パッ」を何度も何度も取り組ませていく必要がある。

立った状態から、しゃがんで顔をつけて、ブクブク……パッとさせてみる。それを一人ずつ確認していく。

> ブクブクの時に泡が出ているか、パッと顔を上げた時に声が出ているかをチェックする。

次に、歩きながらブクブク……パッを行ったり、パッの時にジャンプさせたり、いろんな動作でブクブク……パッに取り組ませる。

これらの動きは、浮く指導と同じように、水慣れの中で毎回同じプログラムで行うとよい。

①その場でブクブク……パッ。
②歩きながらブクブク……パッ。
③一度潜って、パッの時ジャンプする。
④プールサイドの壁を持って、ばた足しながらブクブク……パッ。
⑤だるま浮きでブクブク……パッ。

2　連続だるま浮き

　連続だるま浮きは、イラストのように、息継ぎをしながら、連続でだるま浮きを行う運動である。

　連続だるま浮きのコツは、体が浮いてくるのを待つということである。体が十分に浮いていないうちに呼吸をしようとすると、呼吸できない。また、呼吸する時は手を前に出すと呼吸しやすくなる。

3　けのびでブクブク……パッ

　連続だるま浮きができるようになったら、けのびでブクブク……パッに取り組ませる。けのびでの呼吸のコツは、呼吸する時に手で水をおさえるようにすることである。そうすると、顔が上がって呼吸がしやすくなる。

（梶野修次郎）

第2章　各領域の内容

（5）ボール運動、ゲーム

チームの決め方

1　チーム編成前に、教師の意図を伝える

「みんなに楽しくボール運動をしてほしいので、チームは先生が決めます。先生がチームを決めた後でも、力の差があった場合には、先生がチームのメンバーを交換することがあります。いいですね」

と先に全体に確認しておくことである。

この話の中には、「チームの決め方」における2つの大切なポイントが含まれている。

| その1　チーム編成は教師の裁量で行うと告げていること。 |

| その2　「いいですか」と子どもに決定権を持たせるのではなく、「いいですね」と子どもが素直に納得できるよう話すこと。 |

子ども達は、人間関係に左右されないチーム編成を望んでいる。
「チーム編成は、子ども達に話し合いで決めさせた方がいい」
という考え方もある。次の視点から、教師主導で決める方法を示す。
①運動量が少なくなること。
②運動が苦手な子が、引け目を感じてしまうこと。
　運動が苦手な子にとっては、精神的に安定感があり居心地がよい。
　ボール運動では、ゲームが始まると必ず勝敗がつく。
　最初に決めた時に、均等なチーム編成であったとしても、子ども達の技能向上に伴って、途中でのチームの決め直しが必要な時もある。
　その時に、チーム編成がスムーズに進められるように、事前に教師が主導となって、チーム編成を変えることも子ども達に納得させる。

2　シュートの技能に応じてチームを決める方法

　教師が一方的に決めてしまうだけでは、納得しない子どももいる。

　その時には、技能差に応じた短時間でできるチーム編成の方法がある。

　4つのゴールにシュートをさせ、早く戻ってきた順番に1列に並ばせる。4チームつくる場合、先頭から順に「A、B、C、D、D、C、B、A、A、B……」と声をかけていく。これで、チーム完成である。

「球技では、チームのメンバーに迷惑をかけてしまわないか心配だ」と感じている子どもでも、「安心して失敗できた」、「ミスしても、声をかけてくれる人がいて嬉しい」などの言葉を発するようになる。

　また、授業の最初に「大きくなって会社に入っても、自分の好きな人とだけ一緒になるということはほとんどないんだよ。自分が決められたチームで、どれだけみんなのために力になって、そのメンバー全員が持っている力を発揮できるか、ということが大事なんだよ」と話すとさらに安心感が増し、積極的に授業に参加するようになる。

　教師の意図を伝え、チーム編成の方法を工夫することで、子ども達の動きが伸びやかになり、授業が楽しくなる。

　　　　　（山口俊一）

第2章　各領域の内容

（5）ボール運動、ゲーム
誰もが活躍できるルールの工夫

1　ルールを加える時の趣意説明と組み立て

どの子も活躍できるルールとして、多くの授業で見られるのが「得点の工夫」である。男女混合のバスケットボールであれば、

> （1）女子がシュートを決めたら5点。
> （2）男子がシュートを決めたら1点。
> （3）全員がシュートを決めたらボーナスで10点。

とする。この時、このルールを一気に入れてしまうと子ども達は混乱する。気を付けたいのは、「なぜ、そうするのか」という趣意説明とルールを加えていく順序、いわば組み立てである。最初のルールは、女子のシュートの得点を上げることである。

> 女子でシュートを打っている人が少なかったので、今回から女子がシュートを決めたら5点とします。

女子は大喜び。次第に、女子にパスが回るようになる。それでも、男子がシュートを打つ数の方が多いし、自信がない子ほどシュートの上手な男子にパスをだしてしまう。そこで、

> 男子があまりにも上手なので、今回から男子の得点を1点にします。

男子からは、「えーっ！」という声もあがるが、「自信がないのですか」などと言えば、「大丈夫です」と球技が得意な男子が声をあげる。次に、

「協力してシュートを決められる作戦を考えているようなので、全員がシュートを決めたらボーナス10点とします」と告げる。組み立てを工夫することで、子ども達は作戦を考え、全員がシュートを決めようと夢中になる。

2　上手な子にたくさんアドバイスをもらえるルール

　それでも、ボール運動が苦手な子に、シュートのチャンスが回ってこないということがある。打開策ルールとして、

シュートを決めたら1回休みルール。

がある。ずっと4対3のアウトナンバーでのゲームとなる。シュートを決められたチームは、有利な状況でゲームを進めることができる。
　シュートを決めて1回休みになった子どもには、「相手がシュートを決めても、あなたはゲームに戻れるけど、自分の味方がシュートを決めてもゲームに戻れるよ。どっちを選びますか」と声をかける。このルールなら、初めてゲームでシュートを決めたという子どもが一気に高まる。

（山口俊一）

第2章　各領域の内容

（5）ボール運動、ゲーム
ゴール型ボール運動につながる基礎運動

1　ボールは一人に1個持たせる

　バスケットボールやサッカーの授業では、必ず一人に1個のボールを持たせる。チャイムが鳴る前にボールも持っておくように指示しておく。そして、チャイムと同時に「ドリブル10回。できたら座る」「リフティング10回」などと変化をつけた指示で、たくさんボール操作させる。

　同じ動きだと子ども達はすぐに飽きる。たくさんの動きの指示を知っておく必要がある。（ドリブル10回左右、ボールを上にあげてキャッチ、ボールを落とさないように足の間を8の字など）ポイントがある。

ポイント1　練習時間を確保する。

　教師や上手な子どもがやり方を見せた後、「練習時間30秒。よーい始め」と言う。いきなり本番ではなく、練習時間をつくることで、子ども達

は夢中になって取り組む。

ポイント２　個別に評定する。

「では、本番です。30秒間挑戦します」緊張感を持たせて始める。終わったら、「自分の回数を言われたら座ります」「０回、１回、２回……」と聞く。だんだん残っている子が減る。一番になった子は大いに喜ぶ。そして手本を披露させる。上手な方法を全体に示すことができる。

２　たくさんの方法を持っておく

「第２回戦。最高は９回。超えられるかな」と教師が盛り上げる。子ども達は、ボール１個でも熱中して取り組み、技能が上達していく。少しだけ時間を伸ばすのも教師の技術である。多くの種類の方法を教師は準備しておく。例を示す。

1	両手（片手）投げのパス。	23	ノーバウンドで成功したら１歩下がる。
2	頭の上を通したパス。	24	高く投げるパス。
3	下投げ両手パス。	25	ジャンプしてパス。(両手)
4	下投げ片手パス。	26	ジャンプしてパス。(片手)
5	両手投げワンバウンド。	27	歩きながらパス。
6	片手投げワンバウンド。	28	走りながらパス。
7	両手投げツーバウンド。	29	サイドステップでパス。
8	片手投げツーバウンド。	30	スキップしながらパス。
9	両手できるだけたくさんのバウンド。	31	ケンケンしながらパス。
10	片手できるだけたくさんのバウンド。	32	２人の間にフラフープを置き、そこでバウンドさせるパス。
11	つま先を浮かせた状態でパス。	33	フラフープを転がし、その間をノーバウンドで通すパス。
12	片足立ちでパス。	34	フラフープを転がし、その間をワンバウンドさせるパス。
13	膝立ちでパス。	35	30秒間で何回パスができるか。
14	体育座りでパス。	36	ゆりかごをしながらパス。
15	長座でパス。	37	「上」「下」の指示で投げ方を変える。(上は高く、下は転がす)
16	正座でパス。	38	「上」「下」「中」の指示で投げ方を変える。(中は、バウンドパス)
17	両手で転がしてパス。		
18	片手で転がしてパス。		
19	後ろを向いた状態で。(両手)	39	「野菜は上」「果物は下」の指示を出す。
20	後ろを向いた状態で。(片手)	40	「野菜は上」「果物は下」「動物は中」の指示を出す。
21	サイドスロー。(右手)		
22	サイドスロー。(左手)		

(松島博昭)

第2章　各領域の内容

（5）ボール運動、ゲーム
ネット型ボール運動につながる基礎運動

1　ソフトバレーボールでのつまずき

バレーボールを苦手とする子は多い。主な理由は、パスがつながらないからだ。ソフトバレーボールは、空中にあるボールを操作する運動であるので児童にとって非常に難しい。3つのステップがある。
①ボールの落下地点に入る。
②ボールを打つ。
③ボールをコントロールする。

この3つができて、ゲームが成り立つ。細分化して指導しないと子ども達はバレーボールが嫌いになる。

2　ボールの落下地点に入る準備運動

> 二人組をつくりなさい。二人でパスをします。10回。

最初は、普通にパスをする。慣れてきたら、距離を離す。

> 次に、ボールをできるだけ高く上げてパスをします。10回。

この段階で高いボールがキャッチできない子もいる。ワンバウンドしてからキャッチしてもよいことを伝える。

| 落ちる地点に、ボールより先に入りなさい。 |

キャッチするためのポイントを伝え、再度二人組で取り組ませる。

3　ルールを工夫して、パスがつながるようにする

バレーボールの正規のルールでのパス交換は難しい。1、2時間練習した程度では、技術の習得はできない。そこでルールを工夫する。一番難しいのは、サーブレシーブである。

| ルールの工夫1　サーブは手投げ |

手投げでサーブするようにする。落下地点予想ゲームと同じ原理である。投げる方は人がいないところをねらう。

| ルールの工夫2　サーブレシーブの1回目はキャッチしてよい。 |

サーブは、落下地点に入りキャッチする。キャッチしたボールをそのまま相手に投げることはできない。味方にパスをして味方が打ち返す。打ち返されたボールを相手は、またキャッチしてよい。これも落下地点を予測して素早くその場所に行く。

ルールを簡易化することでラリーが続く。慣れてきたらキャッチをなしにし、サーブを打つようにする。実態に応じてルールを変化させることがポイントだ。

（松島博昭）

（6）表現運動、表現リズム遊び
一人ひとりが躍動する踊り「ニャティティソーラン」

「表現リズム遊び」の題材として一番おすすめなのが、「ニャティティソーラン」である。

ニャティティソーランには、ソーランの基本の動きがたくさん取り入れられている。「ソーランの静の部分と、ケニア音楽の動の部分」が、とてもよくマッチしている。

見た目にかっこよく、しかも、どの子も楽しく踊ることができるダンスである。

1　ニャティティソーランとは

　アニャンゴこと向山恵理子氏が考案した「ニャティティソーラン」。ケニアの音楽と日本のソーランを融合させた、とてもエネルギッシュで楽しいダンスだ。

　2008年、北海道で行われた「YOSAKOIソーラン」にも、ケニアの高校生、北海道の小学生を含む、約3000名のダンサーが出場し、大きな話題となった。

2　指導の手順

　YOSAKOIソーランに出場するために、私は仲間と一緒にアニャンゴから直接指導を受けた。その手順を思い出し、できるだけ忠実に実践した。

①イメージをもたせる

> とっても楽しいダンスを見せます。先生も、踊っています。みんなも、この後に踊ります。

　自分が出場したYOSAKOIソーランのテレビ映像を見せた。画面から伝わる臨場感や熱気に、子ども達は釘付けだった。2～3回映像を流すうちに、自然と体が動きだす子もいた。

②まねさせる

> まねして踊ります。

　いよいよダンスの指導に入る。アニャンゴの指導を受けた時は、目の前でアニャンゴが1パーツごと踊り、それをまねすることから始まった。この時は、教師の例示と、YOSAKOIソーラン出場者用の練習DVDを併用して、1パーツごとに指導していった。

　イントロ部分の踊りは、この指示で大体できるようになる。まず、

第2章　各領域の内容

DVDを見せる。その後、教師が踊り、子どもにまねさせる。教師と一緒に踊ったり、DVDに合わせて踊ったり、何度か踊りを繰り返す。この時点では、完璧にできることを目指さなくてよい。

　また、簡単な踊りの時は、基本的にまねさせて、ほめて、できるようにさせたい。

③スモールステップで指導する
　イントロが終わり、歌が始まってすぐの踊りが一番難しい。これも、まずまねをさせ、踊りの大枠をとらえさせる。

　その後、足の動きの指導から行う。

> 足の練習だけやります。

　まねをしているので、踊りのイメージはつかめている。教師がカウントしながら何度か一緒に練習し、その後、一人ひとりをさっと見て回る。できない子には、さっと助言をしたり、励ましたりする。これも、完璧にさせようとは思わない。何度も踊るうちに、できるようになればよい。

> 手の動きをつけます。

　足に比べれば、手の動きをつけることは簡単である。

> コートの前をバサッと開けるようにします。

　アニャンゴからの指導の時に、このような言葉かけをされたと記憶している。動きを、イメージできる言葉にして伝えることは、どの子にとっても有効な指導である。
　このように、子どもにとって難しいところはスモールステップで組み立て、後はまねさせていくと、ニャティティソーランの踊りは一通り完成する。

3　全体の中での個別指導を行う

　難しいパーツになると、アニャンゴは必ず一人ひとりの動きを見て回った。例えば、足の動きが難しいパーツだとすると、全体には、その踊りを繰り返し練習させておく。その間に、一人ひとりの「足の動きだけ」を、さっと見ていく。そして、上手にできている子、全体の手本となる子をほめたり、時には全員の前で踊らせたりしていた。
　私は、「誰ができているか」という視点で、子ども達を見て回った。そして、「できている」と思った子を前に出し、みんなの前で踊らせた。

第2章　各領域の内容　　　　101

第2章　各領域の内容

> ○○さん、足の動きがとてもいいです。
> みんなの前で、踊ってみてください。

　このように、上手だった子を前に出して模範を示させると、他の子達も俄然張り切って踊り始める。子どもによる相乗効果である。

4　ニャティティソーランは、万糸乱れて

　ニャティティソーランには、「みんなで動きを合わせる」という概念がない。その時、その時のパーツの踊りが間違っていなければ、多少タイミングがずれようが、隣の子と動きが合ってなかろうが、よいのである。
　アニャンゴは、こう言う。

> ニャティティソーランは、『一糸乱れぬ』でなく、『万糸（ばんし）乱れて』の踊りです。

　一人ひとりが、生き生きと躍動する踊り。それがニャティティソーランなのである。
　では、どのようにして、子どもを「生き生きと躍動的に」動かせばよいのか。それは「ほめる」ことである。

> できてるよ！
> そうそう!!

　このような、肯定的な言葉かけを多くしてやることで、子どもは生き生きとのびのびと表現できるようになる。

5　ニャティティソーランを指導するには

　ニャティティソーランは、運動会や学芸会で披露するのにぴったりの演目である。
　どのようにすれば、ニャティティソーランを指導できるようになるのか。

　『すぐにできる！楽しいダンス①よさこいソーラン・阿波踊り編』（汐文社）の中に、指導法が簡潔に示されている。その手順に従って、指導していくとよい。

> 子どもの心に響くのは説明ではない。語りである。

　教師は語りができなくてはならない。子どもの頭の中に映像が浮かぶように語る技量が必要である。

（荻野珠美）

第2章 各領域の内容

（6）表現運動、表現リズム遊び
新聞1枚で子どもが熱中

　新聞紙1枚で、たくさんの体育遊びができる。準備も簡単であり、盛り上がる。4つ紹介する。

①手合わせ相撲
　二人組で行う。大きく広げた新聞紙を床に敷き、向かい合うように立つ。両手を合わせ、合図で押したり引いたりと相撲をする。相手をよろけさせたら勝ち。
　2回戦は、新聞を半分の大きさに折りたたんで行う。3回戦は、さらに半分（もとの4分の1）、4回戦はさらに半分と続けていくと盛り上がる。

②忍者かけっこ
　新聞紙を細長く切り、ズボンのお尻にはさむ。この新聞紙が床に着かないように走る。
　また、自分のお腹ぐらいの大きさに四角く切る。それをお腹に付けて、床に落とさないように走る。
　どちらも「忍者になろう！」と声をかけると盛り上がる。

③**紙様ものまね**

　二人組で行う。一人が、1枚の新聞を自由自在に動かしていく。もう一人は、その新聞紙になりきって、同じように動かないといけない。

　床に落ちたら倒れるし、壁に付いたら、同じように壁に張り付くという風に新聞の動きをまねて動く。ねじったり丸めたりすると、大騒ぎである。

④**ジャンケン新聞紙乗り**

　グループ対抗で行う。お互いのチームの前に新聞紙を広げて置いておく。それぞれのチームから1人ずつ、ジャンケンをしていく。負けた人は、自分の班の置いてある新聞紙の上に乗る。以下、同様に、2番手、3番手の人同士がジャンケンをしていき、負けたら新聞紙に乗っていく。その様に続けていくと、どちらかのチームが新聞紙に乗りきれず、落ちたり、はみ出したりしてしまう。そのように新聞紙に乗れなかったらそのチームの負けとなる。

　チームの人数によって、新聞紙の大きさを半分にしたりと変えるとよい。

（桑原和彦）

第2章　各領域の内容

（7）保健
保健の教科書の音読を中心に授業を進める

1　音読は授業の基本である

　国語、算数、理科、社会の授業では音読をするが、保健の授業においても有効で効果的ある。目で見て声に出して読むことで、子どもたちの理解が格段に変わるのである。また間違えずに読もうとして集中力も高まる。

　最悪なのは、教師が長々と説明することである。子どもたちの耳には入らず、分からせようと説明すればするほどわからなくなる。

2　音読を中心とした保健の授業（読ませ方）

　教師の説明を聞くだけでは、内容が理解できないことについてはすでに述べたが、教科書の音読では、文字が視覚的に内容を伝えるため、以下の手順で授業を進めるのが有効だ。

---

① 教師が読み上げる。
② 児童が同じ箇所を読む。
③ ①②を繰り返して該当ページを最後まで読む。
④ 最後には立った状態で読ませる。指示は短く。「立って1回。読みなさい」。

　短い時間で、3回読むことになる。（教師の読みを1回聞き、自分で2回読んでいる）。

3　音読を中心とした保健の授業（展開）

　音読の後に、内容について尋ねる。

> 発問　○○をしたときに自分でできる手当が○つ書いてあります。
> 何でしょうか。指でなぞりなさい。

発問は作業指示とセットにする。さらに、隣同士で確認させる。次いで発表させる。

> 指示　線を引きなさい。

大切なところに線を引かせる作業は、このように内容（答え）を確定してからさせる。エラーレスラーニング（間違えをさせない学習）である。線を引いた後に、答えを確認すると、間違えるのを嫌がる子どもが出てくる場合があるからだ。ここは間違えさせる必要がないところである。

また答えが違っていた場合、線を消したり訂正させたりすることで、教科書が汚くなる場合があり、それを嫌がる子どもは最初から線を引こうとしなくなるので、答えは先に出した方が良い。

> 指示　ノートに写します。

知識として、定着させるためにノートに書かせる。目で文を見て（視覚）、手を動かし（書く動作）、書きながら文を小声で、読み（発声）、その声を耳で聞く（聴覚）という複合的な作業によって、記憶が定着する。

書かせた後は、隣同士で確認させたり、教師の所にノートを持って来させたりする。これが「確認の原則」である。

教科書の音読は、児童にとって身近で、また忘れた時にすぐに確認ができる有効な方法である。。

（東田昌樹）

第2章　各領域の内容

（7）保健
教師の語りの力で、治療率100％を目指す

1　子どもの心に響くのは「説明」ではない。「語り」である

　子どもの心に響くのは説明ではない。語りである。教師は語りができなくてはならない。子どもの頭の中に映像が浮かぶように語る技量が必要である。

　教師の語りの腕を上げるためには、一流の語りを聞く体験をする必要がある。例えば、向山洋一氏の語りを聞く。聞いている自分自身が語りに引き込まれていくことがわかる。頭の中に映像が浮かぶ。その語りをまねてみるのが必要だ。

　後述する「虫歯」の恐怖の語りは、6年生の保健「病気の予防」の中の「生活習慣病の予防」で、子ども達に実践したい。

　また、「薬物」の恐怖も子ども達に語るべきである。同じく6年生の保健「病気の予防」の「薬物乱用の害と健康」で、子ども達に実践したい。

　いずれも向山洋一氏の語りが原実践である。

2　「虫歯」の恐怖を語り、治療率を100％にする

　TOSSのセミナーにおいて、「虫歯」の恐怖についての語りを向山洋一氏より聞いた。子ども達の心に響く語りであった。以下のような内容であった（文責は東田）。

虫歯というのは菌がついてエナメル質がほんの少し溶け始めます。カリエス１。これは、普段何ともありません。歯医者さんに行くと、菌がついている悪いところを削ってくれます。あっという間に終わります。ほとんど痛くありません。１回か２回行けばいいです。お金も何百円しかかかりません。
　しかし、カリエス１のとき放っておいて、歯医者さんに行かなかったとしたら、カリエス２になります。カリエス２というのはエナメル質の内側の「象牙質」というところまで菌が入ります。カリエス２になったら、時々歯が痛くなります。冷たい物を飲んだり熱い物を飲んだりした時にしみたように痛くなります。歯医者に行くと、悪いところを「ジージージー」と削ります。薬を入れて詰め物をします。１週間ぐらい歯医者に行かないといけません。お金も何千円とかかります。
　しかし、こうなっても放っておく人がいます。カリエス３になります。これは痛いです。象牙質の内側の神経の所まで穴が開いています。ご飯粒が少し穴に入っただけで飛び上がるほど痛いです。歯医者さんに行くと、悪いところを全部ガリガリガリガリ、ガリガリガリガリ削ります。そして神経を殺す薬を入れます。治療に１カ月ぐらいかかります。お金も何万円とかかります。
　しかし、世の中には驚く人がいます。カリエス３になっても放っておく人がいます。カリエス４になります。これは痛みが止まらない。歯がほとんどなくなります。残っているのは歯の根っこだけです。これもものすごく痛いです。痛いだけではありません。歯の根っこにばい菌の「膿」がたまります。こうなると歯医者さんで抜かなければならなくなります。麻酔の注射を何本もして、大きなペンチで歯を引っこ抜きます。メスを使って手術をすることになるかもしれません。自分の歯がなくなるのです。
　今、虫歯がある人。こうなってみたいなあと思う人は、歯医者に行かなくていいです。

　夏休み前に、このように話して聞かせる。学級通信でも知らせる。夏休み明けには、虫歯の治療率は100％に近くなる。

（東田昌樹）

第2章　各領域の内容

（7）保健
教師の工夫次第で、保健の授業がさらに安定する

1　保健の教科書は、学校で保管する

　保健の受業は年間指導計画に従って行うことが原則である。しかし、様々な理由で柔軟に対応しなければならない時がある。教科書を学校保管にすることで、いつでも授業ができるようにする。理由は主に2つだ。

> ①授業頻度が低いため、教科書を忘れる子どもが出るため。
> ②天候等の事情により、突発的に授業を行う必要があるため。

　毎日のように行われない教科では、子どもが教科書を忘れることが多い。家庭でもあまり予習や復習をする必要もない教科であれば、教科書を学校で保管しておいた方がスムーズに授業を行うことができる。
　また、突発的に保健の授業をする場合もある。例えば、体育の授業を予定していたが、雨天のため運動場が使えない。体育館は他の学年の授業が入っている。あるいは、水泳の授業を予定していたが、水温が低いため実施できない。このような状況をあらかじめ想定しておき、保健の授業を行う場合は、やはり、学校で教科書を保管しておく方が、安定して授業をすることができる。

2　保健のテストは、2度行う

　保健の授業の評価はテストを活用する。業者のテストを使ってもよいが、指導書についている評価テストを使う場合もある。後者の場合は、何度も印刷して使えるというメリットがある。
　教科書の音読と作業を中心とした授業を行い、他教科と同様に単元の終わりにテストをする。しかし、教科書の音読を中心とした授業をして、テ

ストを1回するだけでは、必要な知識理解の定着が不十分な児童が多くなる。

そのため、次のようにする。

| テストを2回行う。 |

1回目のテストでは、答えのプリントも一緒に印刷する。答えを参考にしながら子ども達はプリントに答えを写す。

2回目が本当のテストである。もちろん、この時には答えを見せない。テストを2回実施すると、知識も定着し、到達度はかなり高くなる。TOSSが開発した教材『社会科用語まとめくん』『理科用語まとめくん』(いずれも明治図書出版) と同じような使い方である。

しかし、学級には特別な配慮が必要な子どもがいる。写すことが難しい子どもである。そのような子どもに対しては、なぞらせるようにする。写すことは難しくても、なぞることができる子どもはいる。

1回目のテストの時、教師が答えを赤鉛筆でうすく書いておけばよい。子どもはそれをなぞるだけである。

このようなことこそ、教師の仕事である。

(東田昌樹)

第3章 若い先生に知ってほしい体育指導

50・100と様々な運動を用意する

「体育での教材・教具をどう扱うか」若い先生の場合、その中味が乏しい場合が多い。いかに使いこなして、子どもに必要な力を付けさせるかを紹介する。

1　50・100と様々な運動を用意する～変化のある繰り返し

　マット1枚でも、ろく木でも、跳び箱1台でも、ターザンロープでも、鉄棒でも同じである。教師が50も100もの種類を知っていないと駄目だ。

　若い先生は、自分が体験してきた種類しか知らないことが多い。だから、「次から次」という運動が指示できにくい。よって、運動1つを長くやらせがちである。すると運動量も落ちる。

　マット1枚を使った運動例（一部）を挙げる。
① 4つ足で歩き抜ける
② 4つ足で腰を上げて抜ける
③ 2つ足で歩き抜ける
④ 2つ足でスキップ抜け
⑤ 蛙跳びで抜ける
⑥ 横になって転がる
⑦ 横になって転がる（逆向き）
⑧ 2人で横になって転がる
⑨ アザラシ歩き（両手指示）
⑩ でんぐり返し
⑪ ぐにゃり前転
⑫ 後ろ回り
⑬ 前転

⑭マットから外へジャンプ
⑮体を揺らす〜ゆりかご
⑯大きく体を揺らす〜ゆりかご
「変化のある繰り返し」を意識するとたくさん考えられる。

2　たくさん触れさせる〜自由思考

　まずは、たっぷりと自由に触れさせることが必要だ。魅力的な教具ほど、先生の説明などあまり聞きたくない。子どもは、少しでも早くやってみたいと思っている。だから、まず触れさせる。ターザンロープの例を挙げる。

> 自由です。このロープを自由に自分達で登ってみたり振ってみたりしてみます。先生がやめっていうまでやります。４人でこんなこともできるね、あんなこともできるねってやってみてね。はい、どうぞ。

　この自由体験の中で、ロープの持ち方の上手な子、体を振って捕まっている子など、みんなにやらせたい動きを取り上げる。そうやって、授業を組み立てるのだ。

　これは向山氏の、ハードル第１時指導が原点だ。ハードル１台を与えて、好きなように跳ばせる。その中で、子ども達が跳び方を自分で学んでいくのだ。

　体育における一人の運動量は、教師が考えている運動量の10分の１程度と思った方がよい。想像以上に一人の運動時間というのは少ない。だからこそ、この２点を意識して運動しなければ運動の習熟などほど遠いのだ。

(桑原和彦)

第3章　若い先生に知ってほしい体育指導

『細分化』と『個別評定』

1　「細分化する」と「全部やる」

　とりあえず指導で、まず全部の運動をさせてしまう教師がいる。

　例えば、表現運動を、どれくらいできるか試しに最初から最後まで通して踊らせようとか、ハードルで7台全部跳ばせてみるとか、大縄跳びでいきなり跳ばせてみるとか。これらは全て、ほとんどの子ができない。

すこし考えればわかる。あるいは、経験を積めばわかる。

　だから、その運動を細分化するのである。細分化すれば、そこに指導すべき事項が浮かび上がってくる。

　表現運動「阿波踊り」なら、基本的な足の運び方を教える。ハードルなら、1台だけ用意し、振り上げ足のみを指導する。ダブルタッチなら、1本だけ回して、その跳び方を指導する。

　このように細分化すると、ステップが小さいので成功する確率が高まる。

| これをスモールステップという。 |

　成功というのは習熟を高める。「できた！　またできた！　またまたできた！」という積み重ねをする。この成功体験が、子ども達を体育大好

き！　熱中させていくことにつながる。
　気を付ける点は、できない子がいた時だ。「最初からできなくても大丈夫！　繰り返し繰り返しやっていくうちにできるようになるからね」といった言葉かけを子ども達にしておく必要がある。これを聞いていれば、できない場面が来ても子ども達は安心する。さらに、周りの子も、「ドンマイ！」といった言葉かけが生まれてくる。授業を組み立てる際には、この細分化が大切なのである。

2　「個別評定」と「全体評定」

　全体評定は、子どもを劇的に向上させることが滅多にない。例えば、表現運動。「ポイントを3つ言います。1つはもっと手足を伸ばすこと。2つ目は顔を上げて踊ること、3つ目はもっと声を出すこと。気を付けてやってみましょう」という風に子ども達に言って再度取り組ませても、ほとんど変容しない。だから教師は「さっき言ったでしょ！」という悪循環指導になる。この欠点は、誰も自分のことと捉えていないということだ。自分は手足を伸ばしているし、顔を上げているし、声を出していると思っている。だから変わらない。ハードルでも同じだ。「もっと足を上げて、手を伸ばして、顔を上げて」といったところで、変わりはしない。

個別評定をすることで、自分のできていないことを知らせる。

　このことが大切なのだ。そして、再度練習し合格することで、「できた！」という実感と「次もやりたい！」という意欲が生まれてくるのだ。
　その個別評定は、『観点を1つに絞ること』と『リズムとテンポ』が大切となる。例えば、ハードル。「踏み切り足の裏が先生に見えているかだけを見ます」と観点を絞る。さらに、1つだけだから評定も次から次とできる。「3点、2点、3点、1点」という風に、評定のみを告げる。すっぱりと明るく評定することが大切である。

（桑原和彦）

第3章 若い先生に知ってほしい体育指導

子どもができるようになった教材教具

1　室内用折りたたみ鉄棒

　校庭に出て逆上がりの練習をするとなると、継続の難しさがある。できない子ほど面倒になりおっくうがるのだ。さらに冬期期間だと、鉄棒自体が冷たいので、「触れるのも嫌！」と言う子も少なくない。そういったことを改善するためには、「室内鉄棒」がよい。すぐできる気軽さがよいのだ。

　ただし置くスペースが問題ではあるが、空き教室など利用するとよい。使わない時は、折りたたむことができるので小スペースですむ。

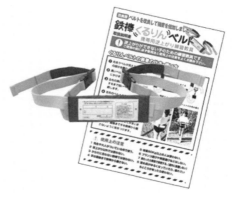

　また、体重制限が注意点である。この写真のものは幼児向きであり、体重制限は50kgとされている。これは、体重がかかりすぎて、鉄棒本体が、がたんと動いてしまうからだ。

　他に、鉄棒関連器具として、「くるりんベルト」と「鉄棒安全パット」がある。くるりんベルトは、逆上がりができない子ができるようになる補

助教材である。また、「鉄棒安全パット」は、腹部や膝裏の摩擦や痛みから保護し、回転を補助するパットである（写真でも装着している）。

これが、鉄棒を苦手とする子どもにとって、精神的不安を解消することにつながる。

これらを組み合わせて、子どもに取り組ませたところ２年生Ａ子が３週間で、逆上がりを成功させた。

2　入門用跳び箱

跳び箱は、４種類揃えておくことが重要である。幼児用（入門用）・低学年用（小型）・中学年用（中型）・高学年用（大型）である。皆さんの学校の跳び箱は揃っているだろうか？

さて、いくつかの小学校の跳び箱を見たことがあるが、ほとんどの学校で幼児用跳び箱を見ることがなかった。ひどいところでは、大型しかない学校もあった。これでは、低学年や体の小さい子には飛び越すことができない。やらせすぎると恐怖心を植え付けることにもつながりかねない。

だからこそ、この入門用跳び箱が必要となる。高さが50cm一体式で、通常の跳び箱では大きかった低学年の子どもでも、跳ぶ感覚を身に付けることができので、初期練習に最適である。「これなら簡単！」と喜んで跳んでいた。

できない子をできるようにする教具を、この時期だからこそ用意してほしい。

（桑原和彦）

第3章　若い先生に知ってほしい体育指導

スーパーとびなわで指導システムを学ぶ

1　スーパーとびなわを使用する

次の３つの教材教具セットで行うとよい。

①スーパーとびなわ
②向山式なわとび級表
③なわとびチャレンジシール

①スーパーとびなわは、持ち手の柄が長く操りやすい。木製でできていて手になじみやすい。ハトメとワッシャーが柄の中でロープのねじれを防ぐ。よってロープがきれいに回るのだ。さらに、中がつまった４mmビニールロープが回転を速くする。それと同時にロープが切れない。この文章ではイメージがわきにくい場合、東京教育技術研究所のホームページを検索。

②スーパーとびなわに付いている「向山式なわとび級表」AとB。これを授業で取り組むとこうなる。「なわとび級表の使い方を教えます。

二重跳びへ導く自学システムの要
「なわとび級表」(付属)

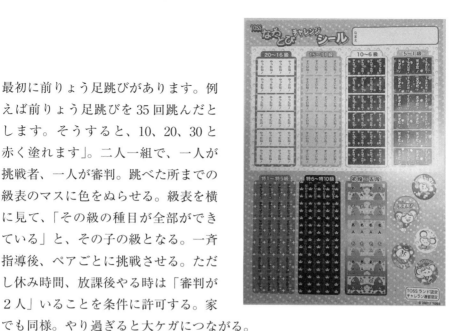

　最初に前りょう足跳びがあります。例えば前りょう足跳びを35回跳んだとします。そうすると、10、20、30と赤く塗れます」。二人一組で、一人が挑戦者、一人が審判。跳べた所までの級表のマスに色をぬらせる。級表を横に見て、「その級の種目が全部ができている」と、その子の級となる。一斉指導後、ペアごとに挑戦させる。ただし休み時間、放課後やる時は「審判が2人」いることを条件に許可する。家でも同様。やり過ぎると大ケガにつながる。

　③子どもが級を取得したらとびなわのロープ部分に「なわとびチャレンジびシール」を貼ってあげる。20級なら、白いシールが1枚。19級なら2枚と増えていく。子ども達は、このシールがシンボルとなる。級を上げてシールを増やしたいと子ども達は思う。一目で級がわかる1シートが100円で、クラスの人数分用意して使うことができる。使い方の説明書も付いており、シールをとびなわのどこに貼ればよいのかが明確である。

　最後に、もう1点付け加える。級を取得した子には、クラスの名簿表（名簿表に20級、19級、18級と項目を書いたもの）に、自分が到達した級までを赤えんぴつ等できれいに塗らせる。これを教室掲示すると友達の取得級の状況がわかり、さらに子ども達の励みになる。

2　二重跳びリレーで。競い合う緊張場面をつくる

　男女の2列に並び、一人ずつ二重跳びをする。引っかかったら終わり。次の人が跳ぶ。何がよいかというと、みんなの前で跳ぶという緊張場面が内に秘めた力を引っ張り出すことだ。4年生で実践した時、それまで1回も跳べなかった女子が、初めて2回連続で跳んでしまった。本人も周りの子もビックリ！　歓声が上がった。これは、二重跳びリレーをしたからこそ引き出せたのだ。

　　　　　　　　　　　　　　　　　　　　　　　　　　　（桑原和彦）

第3章　若い先生に知ってほしい体育指導

本で読んだ知識を技能に変える「跳び箱指導」

1　本を読んでの知識

「本を読んでやったのですが、子どもができるようになりませんでした」という声を若い先生から聞くことがある。その時に話すことは、「行間の指導という言葉がある」ということだ。ようするに書かれていない指導事項がある。それに気付くには、子どもと真正面から向かい合って取り組んだ実践が必要となる。つまり、本を読んでも現場は多様な状況によって変化しているので応用問題なのである。本で読んだ知識を頭に入れつつ、目の前の子どもに対応した指示が必要となる。これは本に書いていない。

2　跳び箱「開脚跳びの指導」実践

　1年生に初めて開脚跳びを指導した。向山式跳び箱指導だ。A式、B式がある。これは本で学べる。しかし、それでは跳べない子をどう指導するか？　これが応用問題なのだ。以下に紹介する。

　本校には、低学年用跳び箱が2台ある。高さは2段。踏み切り板は出さないで着地用のマットのみを用意した。

①向山A式

　跳べなかった14名の子に、向山A式を始める。

まず宣言した。「跳べなかったけれども大丈夫！ 全員跳べるようになります。（えー？）絶対に。（ほんとー）全員です」。全員跳び箱が2台あるので7名ずつに分けて行う。

> 跳び箱を跳ぶことは、このように両手で、自分の体重を支えることです。
> A式は、通常7、8回取り組むとスムーズにできるようになります。

②**踏切指導**
　B男は、踏み切りができない。だから、どうしても、跳び箱に乗るだけで精いっぱい状態。助走はできるが、足を揃えての踏み切りができなく、体をだーんと崩れるように（跳び箱にあずけるように）して跳んでしまう。
　踏み切り足の型から教えた。「片足で踏み切って、両足で着地」である。

> 「ケン・ケン・グー」とイメージ語のリズムに乗せて何回もやらせた。

　次に『走ってきて片足踏み切り、両足着地』と1つ増やした。これが困難を極めた。走ってきても両足で跳んで両足で着地したり、片足で踏み切ったら片足で着地したり、1つ入ったら1つ抜けるという状態。「グーはできたよ」「片足はOK！」と励ましながら何度も何度も行った。3回に2回はできるようになるまで30回ほどかかった。その次に、跳び箱の前でやらせ、跳び箱に乗るまでを行った。すると2回に1回の確立で乗れるようになった。ついに「走ってきて片足踏み切り、両足着地」ができた。

③**向山B式**
　7、8回ほど補助すると、補助する手にかかる体重が軽くなる。そして9回目に補助の手をひっこめた。ついに跳んだ！　見事に跳んだ！　周りで見ていた子ども達は、うわーという歓声を挙げて拍手喝采。B男も今日一番の笑顔を見せていた。

（桑原和彦）

◎執筆者一覧

小田哲也	長崎県公立小学校
矢吹睦子	福島県公立小学校
原田朋哉	大阪府国立小学校
津下哲也	岡山県公立小学校
堂前直人	愛知県公立小学校
太田健二	宮城県公立小学校
村田正樹	福井県公立小学校
東田昌樹	熊本県公立小学校
梶野修次郎	奈良県公立小学校
山口俊一	山形県公立中学校
松島博昭	群馬県公立小学校
本吉伸行	大阪府公立小学校
飯盛直樹	大阪府公立小学校
荻野珠美	愛知県公立小学校
桑原和彦	茨城県公立小学校

参考文献中のTOSSランドナンバーに続く（旧）の表記は、その文献が旧TOSSランド（2005年版）のものであることを示します。
TOSSランド　http://www.tos-land.net
TOSSランド（2005年版）　※旧TOSSランド　http://acv.tos-land.net
〈お問合せ〉TOSSランド事務局
〒142-0064 東京都品川区旗の台2-4-12 TOSSビル　TEL. 03-5702-4450

◎監修者紹介

向山 洋一（むこうやま よういち）

東京都生まれ。1968年東京学芸大学卒業後、東京都大田区立小学校の教師となり、2000年3月に退職。全国の優れた教育技術を集め、教師の共有財産にする「教育技術法則化運動」TOSS（トス：Teacher's Organization of Skill Sharingの略）を始め、現在もその代表を務め、日本の教育界に多大な影響を与えている。日本教育技術学会会長。

◎編集者紹介

桑原 和彦（くわばら かずひこ）

1970年茨城県生まれ。国士舘大学文学部卒業後、茨城県の小学校教師となる。2011年から水戸市立浜田小学校勤務。NPO法人子どもみらい飛行の代表及びTOSS茨城NEVER代表を務める。子どもや子どもの教育に携わる人々に対して、子どもに成功体験を積ませるイベントや子どもの教育に携わる人々への研修会などに関する事業を行い、子どもの「たくましく生きる力」や子どもの教育に携わる大人の「教育力」の向上に寄与することを目的とし活動している。

新法則化シリーズ
「体育」授業の新法則　基礎基本編

2015年 3月20日　初版発行
2016年12月10日　第2版発行
2019年 2月10日　第3版発行

企画・総監修　向山洋一
編集・執筆　　TOSS「体育」授業の新法則 編集・執筆委員会
　　　　　　　（代表）桑原和彦　（補佐）郡司崇人
企画推進コーディネイト　松崎 力
発行者　小島直人

発行所　株式会社 学芸みらい社
〒162-0833 東京都新宿区箪笥町31番 箪笥町SKビル
電話番号 03-5227-1266
http://www.gakugeimirai.jp/
E-mail : info@gakugeimirai.jp
印刷所・製本所　藤原印刷株式会社
ブックデザイン　荒木香樹
カバーイラスト　水川勝利

落丁・乱丁本は弊社宛お送りください。送料弊社負担でお取り替えいたします。

©TOSS 2015　Printed in Japan
ISBN978-4-905374-71-8 C3037

2015年度 新教科書対応

小学校教師のスキルシェアリング
そしてシステムシェアリング
―初心者からベテランまで―

授業の新法則化シリーズ
<全28冊>

企画・総監修／向山洋一 日本教育技術学会会長 TOSS代表

編集・執筆 TOSS授業の新法則 編集・執筆委員会

発行：学芸みらい社

　1984年「教育技術の法則化運動」が立ち上がり、日本の教育界に「衝撃」を与えた。そして20年の時が流れ、法則化からTOSSになった。誕生の時に掲げた4つの理念はTOSSになった今でも変わらない。
1. 教育技術はさまざまである。出来るだけ多くの方法を取り上げる。（多様性の原則）
2. 完成された教育技術は存在しない。常に検討・修正の対象とされる。（連続性の原則）
3. 主張は教材・発問・指示・留意点・結果を明示した記録を根拠とする。（実証性の原則）
4. 多くの技術から、自分の学級に適した方法を選択するのは教師自身である。（主体性の原則）

　そして十余年。TOSSは「スキルシェア」のSSに加え、「システムシェア」のSSの教育へ方向を定めた。これまでの蓄積された情報をTOSSの精鋭たちによって、発刊されたのが「新法則化シリーズ」である。

　日々の授業に役立ち、今の時代に求められる教師の仕事の仕方や情報が満載である。ビジュアルにこだわり、読みやすい。一人でも多くの教師の手元に届き、目の前の子ども達が生き生きと学習する授業づくりを期待している。

（日本教育技術学会会長　TOSS代表　向山洋一）

学芸みらい社
GAKUGEI MIRAISHA

株式会社 学芸みらい社 （担当：横山）
〒162-0833 東京都新宿区箪笥町43番 新神楽坂ビル
TEL 03-5227-1266　FAX 03-5227-1267
http://www.gakugeimirai.com/
e-mai: info@gakugeimirai.com

授業の新法則化シリーズ（全リスト）

書名	ISBNコード	本体価格	税込価格
「国語」　～基礎基本編～	978-4-905374-47-3 C3037	1,600円	1,728円
「国語」　～1年生編～	978-4-905374-48-0 C3037	1,600円	1,728円
「国語」　～2年生編～	978-4-905374-49-7 C3037	1,600円	1,728円
「国語」　～3年生編～	978-4-905374-50-3 C3037	1,600円	1,728円
「国語」　～4年生編～	978-4-905374-51-0 C3037	1,600円	1,728円
「国語」　～5年生編～	978-4-905374-52-7 C3037	1,600円	1,728円
「国語」　～6年生編～	978-4-905374-53-4 C3037	1,600円	1,728円
「算数」　～1年生編～	978-4-905374-54-1 C3037	1,600円	1,728円
「算数」　～2年生編～	978-4-905374-55-8 C3037	1,600円	1,728円
「算数」　～3年生編～	978-4-905374-56-5 C3037	1,600円	1,728円
「算数」　～4年生編～	978-4-905374-57-2 C3037	1,600円	1,728円
「算数」　～5年生編～	978-4-905374-58-9 C3037	1,600円	1,728円
「算数」　～6年生編～	978-4-905374-59-6 C3037	1,600円	1,728円
「理科」　～3・4年生編～	978-4-905374-64-0 C3037	2,200円	2,376円
「理科」　～5年生編～	978-4-905374-65-7 C3037	2,200円	2,376円
「理科」　～6年生編～	978-4-905374-66-4 C3037	2,200円	2,376円
「社会」　～3・4年生編～	978-4-905374-68-8 C3037	1,600円	1,728円
「社会」　～5年生編～	978-4-905374-69-5 C3037	1,600円	1,728円
「社会」　～6年生編～	978-4-905374-70-1 C3037	1,600円	1,728円
「図画美術」　～基礎基本編～	978-4-905374-60-2 C3037	2,200円	2,376円
「図画美術」　～題材編～	978-4-905374-61-9 C3037	2,200円	2,376円
「体育」　～基礎基本編～	978-4-905374-71-8 C3037	1,600円	1,728円
「体育」　～低学年編～	978-4-905374-72-5 C3037	1,600円	1,728円
「体育」　～中学年編～	978-4-905374-73-2 C3037	1,600円	1,728円
「体育」　～高学年編～	978-4-905374-74-9 C3037	1,600円	1,728円
「音楽」	978-4-905374-67-1 C3037	1,600円	1,728円
「道徳」	978-4-905374-62-6 C3037	1,600円	1,728円
「外国語活動」（英語）	978-4-905374-63-3 C3037	2,500円	2,700円

学芸を未来に伝える
学芸みらい社 GAKUGEI MIRAISHA

株式会社 学芸みらい社　(担当：横山)
〒162-0833 東京都新宿区箪笥町43番 新神楽坂ビル
TEL 03-5227-1266　FAX 03-5227-1267
http://www.gakugeimirai.com/
e-mail info@gakugeimirai.com

学芸みらい社 既刊のご案内

日本全国の書店や、アマゾン他のネット書店で注文・購入できます！

書名	著者名・監修	本体価格
教育関連系（教科・学校・学級）シリーズ		
トラブルをドラマに変えてゆく教師の仕事術 発達障がいの子がいるから素晴らしいクラスができる！	小野隆行（著）	2,000円
ドクターと教室をつなぐ医教連携の効果 第一巻 医師と教師が発達障害の子どもたちを変化させた	宮尾益知（監修）向山洋一（企画）谷 和樹（編集）	2,000円
生徒に『私はできる！』と思わせる超・積極的指導法	長谷川博之（著）	2,000円
中学校を「荒れ」から立て直す！	長谷川博之（著）	2,000円
フレッシュ先生のための「はじめて事典」	向山洋一（監修）木村重夫（編集）	2,000円
みるみる子どもが変化する『プロ教師が使いこなす指導技術』	谷 和樹（著）	2,000円
子どもの心をわしづかみにする「教科としての道徳授業」の創り方	向山洋一（監修）河田孝文（著）	2,000円
あなたが道徳授業を変える	櫻井宏尚（著）服部敬一（著）心の教育研究会（監修）	1,500円
先生も生徒も驚く日本の「伝統・文化」再発見2 〜行事と祭りに託した日本人の願い〜	松藤 司（著）	2,000円
先生も生徒も驚く日本の「伝統・文化」再発見 **【全国学校図書館協議会選定図書】**	松藤 司（著）	2,000円
国語有名物語教材の教材研究と研究授業の組み立て方	向山洋一（監修）平松孝治郎（著）	2,000円
先生と子供どもたちの学校俳句歳時記 **【全国学校図書館協議会選定図書】**	星野高士（監修）仁平勝（監修）石田郷子（監修）	2,500円
子どもを社会科好きにする授業 **【全国学校図書館協議会選定図書】**	向山洋一（監修）谷 和樹（著）	2,000円
子どもが理科に夢中になる授業	小森栄治（著）	2,000円
数学で社会／自然と遊ぶ本	日本数学検定協会 中村 力（著）	1500円
早期教育・特別支援教育 本能式計算法	大江浩光（著）押谷由夫（解説）	2,000円
教育を未来に伝える書		
かねちゃん先生奮闘記 生徒ってすごいよ	兼田昭一（著）	1,500円
すぐれた教材が子どもを伸ばす！	向山洋一（監修）甲本卓司＆TOSS教材研究室（編著）	2,000円
教師人生が豊かになる『教育論語』師匠 向山洋一曰く ——125の教え	甲本卓司（著）	
向山洋一からの聞き書き 第2集 2012年	向山洋一（著）根本正雄（著）	2,000円
向山洋一からの聞き書き 第1集 2011年	向山洋一（著）根本正雄（著）	2,000円
バンドマン修業で学んだ プロ教師への道	吉川廣二（著）	2,000円
向こうの山を仰ぎ見て	阪部 保（著）	1,700円
全員達成！魔法の立ち幅跳び 「探偵！ナイトスクープ」のドラマ再現	根本正雄（著）	2,000円
世界に通用する伝統文化 体育指導技術 **【全国学校図書館協議会選定図書】**	根本正雄（著）	1,900円
教育の不易と流行	TOSS編集委員会（編さん）	2,000円

2015年2月現在

学芸みらい社 既刊のご案内

日本全国の書店や、アマゾン他のネット書店で注文・購入できます！

書　名	著者名・監修	本体価格
アニャンゴ（向山恵理子）の本		
翼はニャティティ 舞台は地球 【全国学校図書館協議会選定図書】	アニャンゴ（著）	1,500円
アニャンゴの新夢をつかむ法則 【全国学校図書館協議会選定図書】	向山恵理子（アニャンゴ）（著）	905円
もっと、遠くへ 【全国学校図書館協議会選定図書】	向山恵理子（アニャンゴ）（著）	1,400円
一　般　書		
雑食系書架記	井上泰至（著）	1,800円
「美味しい」っていわれたい　今日もフランス料理	糠信和代（著）	2,400円
カナダ・寄り道 回り道	落合晴江（著）	1,300円
COVERED BRIDGE（カバード ブリッジ） 過去からみらいへとつづく橋	三浦徹大（著）	2,000円
花いっぱいの家で	大澤彌生（著）	1,000円
サスペンダーの独り言	矢次 敏（著）	1,500円
日本人の心のオシャレ	小川創市（著）	1,500円
信州倶楽部叢書		
意志あるところに道は開ける	セイコーエプソン元社長 安川英昭（著）	1,500円
ノブレス・オブリージュの「こころ」	文化学園大学 理事長・学長 大沼 淳（著）	1,500円
シェスタシリーズ		
父親はどこへ消えたか　-映画で語る現代心理分析-	樺沢紫苑（著）	1,500円
国際バカロレア入門　融合による教育イノベーション	大迫弘和（著）	1,800円
ノンフィクション		
銀座のツバメ 【全国学校図書館協議会選定図書】	金子凱彦（著） 佐藤信敏（写真）	1,500円
二度戦死した特攻兵　安部正也少尉	福島 昂（著）	1,400円
児　童　書		
超救助犬リープ（児童書） 【日本図書館協会選定図書】【全国学校図書館協議会選定図書】	文：石黒久人 絵：あも〜れ・たか	1,300円
句　集・歌　集		
句集 蜜柑顔	山口隆右（著）	2,500円
句集 実千両	大原芳村（著）	2,500円
画　集		
風に想いを寄せて	髙橋まさみ（著）	1,200円

2015年2月現在

学芸みらい社刊　全国学校図書館協議会選定図書

学校図書館へ 必備のお薦め本

●全国学校図書館協議会選定図書●

先生も生徒も驚く 日本の「伝統・文化」再発見
松藤司 著　●A5判　176ページ　定価:2000円(税別)

★帝京大学の入試問題に採用！
★先生も生徒も驚く
日本の「伝統・文化」再発見 2
2014年8月刊行！

先生と子どもたちの学校俳句歳時記
監修：星野高士・仁平勝・石田郷子　企画：上廣倫理財団
●四六判　304ページ　定価:2500円(税別)

★公立高校
入試問題に採用

子どもを社会科好きにする授業　向山洋一 監修／谷和樹 著
●A5判　176ページ　定価:2000円(税別)

世界に通用する伝統文化 体育指導技術 教育を伝えるシリーズ
根本正雄 著　●A5判　192ページ　定価:1900円(税別)

銀座のツバメ　金子凱彦 著／佐藤信敏 写真
●四六判　183ページ　定価:1500円(税別)

★朝日新聞ザ・コラムで掲載
(2014年5月3日朝刊／全国版)
★NHK 首都圏ニュースで放映
(2014年6月10日)

超救助犬 リープ　文：石黒久人／絵：あも〜れ・たか
●A5判　116ページ　ハードカバー　定価:1300円(税別)

アニャンゴこと向山恵理子さんが
英語教科書に登場！ 12ページ／カラーでの設問形式
『Power On Communication English II』
(2年用／東京書籍)

翼はニャティティ 舞台は地球　アニャンゴ 著
●A5判　128ページ　定価:1500円(税別)

アニャンゴの新夢をつかむ法則　向山恵理子 著
●新書　224ページ　定価:905円(税別)

もっと、遠くへ　向山恵理子 著
●四六判　192ページ　定価:1400円(税別)

早期教育・特別支援教育 本能式計算法
〜計算が「楽しく」「速く」できるワーク〜
大江浩光 著・押谷由夫 解説　●B5判　192ページ　定価:2000円(税別)

フレッシュ先生のための「はじめて事典」
向山洋一 監修・村重重夫 編集
●A5判　160ページ　定価:2000円(税別)

子どもが理科に夢中になる授業　小森栄治 著
●A5判　176ページ　定価:2000円(税別)

中学校を「荒れ」から立て直す！　長谷川博之 著
●A5判　208ページ　定価:2000円(税別)

数学で社会／自然と遊ぶ本　日本数学検定協会 中村力 著
●A5判　192ページ　定価:1500円(税別)

学芸を未来に伝える
学芸みらい社
GAKUGEI MIRAISHA

〒162-0833 東京都新宿区箪笥町43　新神楽坂ビル
TEL：03-5227-1266(代)　FAX：03-5227-1267
http://gakugeimirai.com/　E-mail:info@gakugeimirai.com